Die ökonomische Evaluation von Wirtschaftskriminalität unter besonderer Berücksichtigung des menschlichen Verhaltens

Europäische Hochschulschriften
Publications Universitaires Européennes
European University Studies

Reihe V
Volks- und Betriebswirtschaft

Série V Series V
Sciences économiques, gestion d'entreprise
Economics and Management

Bd./Vol. 3077

PETER LANG
Frankfurt am Main · Berlin · Bern · Bruxelles · New York · Oxford · Wien

Alexander Mang

Die ökonomische Evaluation von Wirtschaftskriminalität unter besonderer Berücksichtigung des menschlichen Verhaltens

PETER LANG
Europäischer Verlag der Wissenschaften

Bibliografische Information Der Deutschen Bibliothek
Die Deutsche Bibliothek verzeichnet diese Publikation in der Deutschen Nationalbibliografie; detaillierte bibliografische Daten sind im Internet über <http://dnb.ddb.de> abrufbar.

ISSN 0531-7339
ISBN 3-631-52162-6

www.peterlang.de

DANKSAGUNG

Das Verfassen dieser Danksagung setzt den Schlusspunkt dieser Arbeit. Zahlreiche Menschen haben mich auf dem Weg zur Zielerreichung begleitet und mich auf ihre je eigene Art unterstützt. Bei ihnen allen möchte ich mich ganz herzlich bedanken. Ohne die fachmännischen Ratgeber, die konstruktiven Kritiker und die inspirierenden Diskussionspartner hätte diese Arbeit nicht in dieser Form gelingen können.

Mein besonderer Dank geht zunächst an Prof. Dr. Fritz Matthäus für die stets kompetente und geduldige Betreuung sowie die höchst interessanten und erleuchtenden Gespräche. Bedanken möchte ich mich auch bei Prof. Dr. Rudolf Metzger für seinen Beitrag und die damit verbundenen Anstrengungen.

Für die praktische Unterstützung möchte ich mich auch bei allen Gesprächspartnern aus der Wirtschaft bedanken, die meist bereitwillig und umfassend Auskunft geben konnten. Mit ihren kompetenten und weit blickenden Bewertungen haben sie großen Anteil am Gelingen dieser Arbeit.

Bedanken möchte ich mich auch bei all meinen Freunden und Bekannten für ihre Unterstützung und Geduld.

Der größte Dank geht abschließend an meine Eltern, die mich stets in meinen Zielen bestärkt haben und ohne deren finanzielle und emotionale Unterstützung ein erfolgreicher Abschluss meines Studiums nicht möglich gewesen wäre.

Alexander Mang

VORWORT

Kriminelles Verhalten scheint in der an den Hochschulen gelehrten Betriebswirtschaftslehre keinen nennenswerten Stellenwert zu haben. Dies ist umso mehr verwunderlich, als nach allgemein zugänglichen Quellen die geschätzten Schadenssummen durch wirtschaftskriminelle Ereignisse ganz erheblich sind. In einer Umgebung harter Konkurrenz und geringer Umsatzrentabilität kann dies für ein betroffenes Unternehmen leicht zur Existenzbedrohung führen.

Immer wieder wird in den Medien über wirtschaftskriminelles Verhaltens berichtet. Von öffentlichem Interesse sind vor allem solche Fälle, bei denen es um hohe Schadenssummen geht, beispielsweise um Korruption im Zusammenhang mit der Vergabe eines umfangreichen Bauauftrages. Neben derartigen spektakulären Fällen gibt es aber im praktischen Wirtschaftsleben in erheblichem Umfang weitere Unregelmäßigkeiten, die in ihrer Gesamtheit den Hauptteil der Schadenssummen ausmachen. Ein großer Anteil davon findet innerhalb der Unternehmen statt, ist wenig spektakulär und findet großenteils keinen Eingang in die polizeiliche Statistik.

Will man die Unregelmäßigkeiten innerhalb des Unternehmens analysieren, dann muss naturgemäß neben den Mitarbeitern auch der funktionale Regelzusammenhang im Unternehmen im Mittelpunkt der Betrachtung stehen. Einige dieser internen Funktionen sind für abweichendes Verhalten der Mitarbeiter besonders anfällig, beispielsweise der Einkauf oder auch die Geschäftsleitung.

Der Autor konzentriert sich auf innerbetriebliche Unregelmäßigkeiten. Er befasst sich zunächst mit den begrifflichen Grundlagen, dann betrachtet er aus verschiedenen Perspektiven den Menschen im Betrieb und dessen Verhaltensweisen. Sodann arbeitet er die gefährdeten Funktionsbereiche heraus, evaluiert die möglichen Delikte und befasst sich abschließend mit Ansätzen zum Umgang mit wirtschaftskriminellem Verhalten. Die Arbeit wurde als Diplomarbeit im Studiengang Betriebswirtschaft an der Fachhochschule Nürtingen geschrieben. Ihr liegt eine umfangreiche einschlägige Literatur zugrunde. Das Thema ist sehr aktuell.

Kriminelles Verhalten von Mitarbeitern im Unternehmen wird vielfach tabuisiert, ist aber zugleich für jedes Unternehmen von höchstem Interesse. Deshalb wäre es zu wünschen, dass möglichst viele Praktiker wie auch Lehrende an den Hochschulen sich mit dieser Thematik befassen würden und damit mithelfen, das Thema aus der Tabuzone heraus zu manövrieren.

Nürtingen, im März 2004 Prof. Dr. rer. pol. Fritz Matthäus

INHALTSVERZEICHNIS

ABBILDUNGSVERZEICHNIS

1. EINLEITUNG

Das Phänomen der Wirtschaftskriminalität ist wohl so alt wie die wirtschaftlichen Aktivitäten der Menschheit überhaupt. „Ein Kaufmann kann sich schwer hüten vor Unrecht, und ein Krämer vor Sünden. Denn um eitlen Gutes willen tun viele unrecht; und die reich werden wollen, wenden die Augen ab. Wie ein Nagel in der Mauer zwischen zwei Steinen steckt, also steckt auch Sünde zwischen Käufer und Verkäufer." (SIRACH, Vers 26; 28 und 27; 1-3)

In der Vergangenheit wurde dieser Form von Kriminalität gesellschaftlich und juristisch nur geringe Bedeutung zugemessen. Anfang des 16. Jahrhunderts war aus den „Vertrauten Gesprächen" von Erasmus von Rotterdam folgendes zu entnehmen: „Stiehlt einer ein Geldstück, dann hängt man ihn. Wer öffentliche Gelder unterschlägt, wer durch Monopole, Wucher, und tausenderlei Machenschaften und Betrügereien noch soviel zusammenstiehlt, der wird unter die vornehmsten Leute gerechnet. Wer irgendjemandem Gift verabfolgt, wird wie ein Giftmörder bestraft, wer durch gepantschten Wein oder verdorbenes Öl das Volk vergiftet, geht frei aus."[1]

Geändert haben sich seither teilweise Vorgehensweise und Umfang von wirtschaftskriminellen Handlungen, jedoch besteht das grundlegende Problem weiter und wir werden uns auch in Zukunft wahrscheinlich damit zu befassen haben. Die eingehend harten Worte müssen betriebswirtschaftlich differenziert untersucht werden und es ist zu prüfen, welchen Risiken Unternehmen in Bezug auf Wirtschaftskriminalität ausgesetzt sind, um Handlungsmöglichkeiten bewerten zu können.

In den 40er Jahren wurde das Phänomen erstmals durch den sozialkritischen Ansatz von E. H. SUTHERLAND in die öffentliche Diskussion eingebracht. Er prägte den Begriff der „Weiße-Kragen-Kriminalität", welche er bezeichnete als „a crime committed by a person of respectability and high social status in the course of his occupation."[2]

Wirtschaftskriminalität in der heutigen Zeit verdient unter verschiedenen Gesichtspunkten besondere Aufmerksamkeit. Die Brisanz verdankt das Thema vor allem der Annahme, Wirtschaftskriminalität verursache hohe Schäden. So wurde im Jahr 2001 durch 1,73 % aller registrierten Delikte ein Schaden von 13,19 Mrd. DM (umgerechnet etwa 6,74 Mrd. €) verursacht, was relativ einen Anteil von 61,7 % am registrierten Gesamtschaden bedeutet (vgl. BUNDESKRIMINALAMT (2002), S. 8). Eine europäische Umfrage von PRICEWATERHOU-

[1] Middendorff (1985), S. 160.
[2] Sutherland (1949), S. 8.

SECOOPERS setzt den Verlust der 513 befragten Unternehmen auf rund 3,6 Mrd. € fest, was für jedes untersuchte Unternehmen einen durchschnittlichen Verlust von 6,7 Mio. € bedeuten würde (PRICEWATERHOUSECOOPERS (2001), S. 13). Eine aktuelle Studie der Wirtschaftsprüfungsgesellschaft ERNST & YOUNG beziffert den Gesamtschaden für Deutschland sogar auf 8,3 Mrd. € (vgl. ERNST & YOUNG (2003), S. 11).
Eine ebenfalls zu diesem Thema durchgeführte aktuelle Umfrage der Wirtschaftsprüfungsgesellschaft KPMG ergab, dass in Einzelfällen von Schäden bis zu 85 Mio. € berichtet wurde (vgl. KPMG (2003), S. 9).

Festhalten lässt sich aber, dass die makroökonomischen Ausprägungen von wirtschaftskriminellen Handlungen weit schwieriger und unpräziser festzuhalten sind, als dies auf mikroökonomischer Ebene möglich scheint. Hierin könnte auch ein Grund gesehen werden, weshalb keine verlässlichen Daten zur gesamten Schadenslage in den Volkswirtschaften existieren. Das Bundeskriminalamt ermittelt anhand des polizeilichen Definitionsansatzes empirische Daten zu Fallzahlen- und Schadenshöhenentwicklung auf Basis der „Polizeilichen Kriminalstatistik (PKS)“, dargestellt im „Jahresbericht Wirtschaftskriminalität“, welche zumindest quantitativ die Dimension des Phänomens aufzeigen können (vgl. hierzu insbesondere 2.5 sowie 2.1.1 und 2.4.1).

Das Thema Wirtschaftskriminalität kann jedoch immer weniger als quantitatives Problem gesehen werden, denn es ist vielmehr nötig zu beleuchten, welche qualitativen Ausprägungen hier zugrunde liegen.
Der menschliche Faktor ist ein wichtiger, wenn nicht sogar der wichtigste, Ansatzpunkt, weshalb es im wirtschaftlichen Verkehr immer wieder zu regelüberschreitendem – wirtschaftskriminellem – Verhalten kommt. Es muss betrachtet werden, welche Faktoren bei der Überschreitung bzw. der Überlegung zur Überschreitung von Normen und Regeln eine Rolle spielen. Wenn solche Motivationen bekannt sind, kann dies für das Unternehmen von entscheidendem Vorteil sein, insbesondere bei der Bewertung und Auswahl von Präventions- und Bekämpfungsstrategien.

1.1 Zielsetzung der Arbeit

Der Bewertung von Wirtschaftskriminalität kommt zunehmend größere Bedeutung zu, wenn untersucht werden soll, welche Faktoren dazu führen, dass Gewinne geschmälert oder Verluste vergrößert werden. Oft sind sich Unternehmen der Gefahr, Opfer wirtschaftskrimineller Handlungen zu werden, nicht oder nicht in ausreichendem Maße bewusst und/oder erhöhen durch unzureichende Kontrollen sowie übermäßiges Vertrauen das Risikopotenzial ihrerseits zusätzlich.

Um der Vielfalt an Delikten Rechnung zu tragen, soll dabei der Fokus mehr auf die interne Wirtschaftskriminalität gelegt werden, was angesichts der sinkenden Gesellschaftswerte und der rückläufigen Loyalität der Mitarbeiter sinnvoll erscheint. „Die Moral der Mitarbeiter sinkt immer weiter. Waren im Jahr 2000 nur etwa ein Drittel der Täter eigene Mitarbeiter, sind dies nun mehr als die Hälfte.“[3] ERNST & YOUNG kommen in ihrer Auswertung auf 54 % interne Täter. Werden dabei diejenigen Fälle addiert, bei denen Externe und Interne „gemeinsame Sache machen“, sind in zwei Drittel der Fälle die eigenen Mitarbeiter involviert (vgl. ERNST & YOUNG (2003), S. 17). Ähnliche Zahlen konnten auch bei der Umfrage von PRICEWATERHOUSECOOPERS festgestellt werden. Der Anteil der von Mitarbeitern aus dem eigenen Unternehmen begangenen Delikte lag bei etwa 60 % (vgl. PRICEWATERHOUSECOOPERS (2001), S. 5 und GOWERS (2001), o. S.).

Der vorliegenden Arbeit wird zum Ziel gesetzt, Wirtschaftskriminalität aus betriebswirtschaftlicher Sichtweise zu evaluieren und damit über strafrechtlich relevante Sachverhalte hinaus zu blicken, um über Möglichkeiten der Prävention oder Bekämpfung nachdenken zu können. Dabei kommt dem Menschen – in der Gestalt des Mitarbeiters – eine zentrale Rolle zu. Wie erwähnt wird die Betrachtung auf interne Delikte fokussiert, wobei eine strikte und lückenlose Abgrenzung zu extern verursachten Delikten nicht immer möglich ist, da sich Sachverhalte überschneiden oder bedingen können. Für das Gesamtverständnis des Problems Wirtschaftskriminalität ist dies ebenfalls nicht sinnvoll.

1.2 Aufbau und Systematik der Arbeit

Die Arbeit lässt sich systematisch in fünf Hauptpunkte untergliedern:

- Kapitel 2 befasst sich mit den definitorischen Grundlagen und der Darlegung von Rahmenbedingungen. Ein Überblick über die wissenschaftliche Diskussion bei Definition und den extrahierten Rahmenbedingungen ist ebenfalls eingegliedert.
- In Kapitel 3 soll der Mensch und seine Bedeutung für die Bewertung wirtschaftskriminellen Verhaltens multiperspektivisch dargestellt werden, um die Sichtweisen der einzelnen wissenschaftlichen Disziplinen besser verstehen zu können. Eingegangen wird dabei auf die ökonomische, soziologische und psychologische Sichtweise des menschlichen Verhaltens und Handelns.
- Die Betrachtungsweise wird in Kapital 4 so gestaltet, dass aus Sicht des Unternehmens die gefährdeten Unternehmensbereiche herausgearbeitet werden können.

[3] ERNST & YOUNG (2003), S. 17.

- Kapitel 5 umfasst die eigentliche Evaluation anhand von Methoden aus dem Risikomanagement. Die Delikte werden identifiziert, analysiert und bewertet sowie einer ordinalen Klassifikation in Grade der Wirtschaftskriminalität unterworfen.
- Das Kapitel 6 befasst sich mit der Bewältigung von Wirtschaftskriminalität im Unternehmen. Betrachtet werden die Möglichkeiten, die dem Unternehmen gegeben sind, mit dem Risiko betriebswirtschaftlich adäquat umzugehen. Zudem werden einige Präventions- und Bekämpfungsstrategien vorgestellt, die allgemein sowie den Graden entsprechend eingeteilt werden.

2. DEFINITORISCHE GRUNDLAGEN UND ABGRENZUNGEN IM BEREICH DER WIRTSCHAFTSKRIMINALITÄT UND EMPIRISCHE FALLZAHLENENTWICKLUNG REGISTRIERTER WIRTSCHAFTSSTRAFTATEN IN DEUTSCHLAND

2.1 Begriff der Wirtschaftskriminalität

Bei der Beschäftigung mit Definitionen und der für das Thema Wirtschaftskriminalität relevanten Literatur wird schnell deutlich, dass nur Einigkeit darüber besteht, dass keine Einigkeit besteht. Die wissenschaftliche Diskussion der letzten Jahrzehnte hat gezeigt, dass besonders die begriffliche Abgrenzung erhebliche Schwierigkeiten bereitet. Sie ist stark davon geprägt, welche Zielsetzungen verfolgt werden. Es ist daher noch nicht gelungen, sich über eine einheitliche Definition einig zu werden, noch gibt es einen einheitlichen Terminus.

Es besteht zwischen den Autoren, aus welcher Fachrichtung sie auch immer kommen mögen, nur Einigkeit darüber, dass es sich dabei um ein Verhalten, abweichend von gewünschten ökonomischen Verhaltenserwartungen und Normen, handelt.

2.1.1 Polizeilicher Definitionsansatz

Im polizeilichen Definitionsansatz werden folgende zwei Kategorien als Wirtschaftsdelikte angesehen:

1. Die Gesamtheit der in § 74 c Abs. 1 Nr. 1-6 Gerichtsverfassungsgesetz (GVG) aufgeführten Straftaten;
2. Delikte, die im Rahmen tatsächlicher oder vorgetäuschter wirtschaftlicher Betätigungen begangen werden und über eine Schädigung von Einzelnen hinaus das Wirtschaftsleben beeinträchtigen oder die Allgemeinheit schädigen können und/oder deren Aufklärung besondere kaufmännische Kenntnisse erfordert.[4]

In die oben genannten Wirtschaftsstraftaten gehen u. a. Sachverhalte aus den gewerblichen Schutzrechten (z. B. Patentgesetz, Gebrauchsmusterschutzgesetz, Geschmacksmustergesetz), dem Gesellschaftsrecht (z. B. Aktiengesetz, Gesetz über die Rechnungslegung von bestimmten Unternehmen und Konzernen, Gesetz betreffend die Gesellschaften mit beschränkter Haftung) und wettbewerbswidrigem Verhalten (z. B. Gesetz gegen den unlauteren Wettbewerb, wettbewerbsbeschränkende Absprachen bei Ausschreibungen) ein.

[4] BUNDESKRIMINALAMT (2002), S. 22.

Wirtschaftskriminalität wird auch in dieser Definition als vielfältig und nicht zuletzt wegen ihrer Abhängigkeit von wirtschaftlichen, technischen und gesamtgesellschaftlichen Entwicklungen als nicht endgültig erfassbar deklariert (vgl. BUNDESKRIMINALAMT (2002), S. 22).

Die mit der polizeilichen stark verwandte juristische Seite soll nur kurz angesprochen werden, da hier keine Definition für Wirtschaftskriminalität besteht. ANTOGNAZZA beschreibt das Fehlen einer juristischen Definition wie folgt: „Die Ursachen liegen nicht im Unvermögen der Rechtslehre, sondern im besonderen Charakter der betreffenden Deliktsgruppen selbst, die im Gesetz grundsätzlich nicht als eigenständige Tatbestände ausgestaltet sind, sondern lediglich Sammelbegriffe für gewöhnliche Verbrechen bilden, die im Strafgesetzbuch seit jeher gesondert geregelt waren und von Fall zu Fall infolge bestimmter zusätzlicher Eigenschaften unter den Begriff des Wirtschaftsdelikts (...) gestellt werden.“[5]

2.1.2 Prüferischer Definitionsansatz

Auch im Bereich von Revision und Wirtschaftsprüfung kann nicht endgültig geklärt werden, wie der Begriff Wirtschaftskriminalität zu fassen ist. In der Diskussion über die Möglichkeiten und Grenzen der Jahresabschlussprüfung bei der Aufdeckung krimineller Handlungen werden u. a. Termini wie „Unterschlagung“, „Unregelmäßigkeiten“, „deliktische Handlung“, „Fraud“ oder „illegal act“ verwendet, die teilweise auf identische, teilweise auf verschiedene kriminelle Sachverhalte bezogen sind (vgl. HAUSER (2000), S. 31).
Der auch in der vorliegenden Arbeit verwendete Begriff der „wirtschaftskriminellen Handlung“ wird häufig als Terminus in Definitionsfindungen verwendet, da er im Vergleich zur „deliktischen Handlung“ nicht nur strafrechtlich fokussiert ist.

HAUSER definiert den Begriff Wirtschaftskriminalität im Sinn eines Sammelbegriffs als „(...) alle von Mitarbeitern, Vorständen oder außenstehenden Dritten vorsätzlich begangenen Handlungen, durch die das Vermögen der zu prüfenden Aktiengesellschaft entweder rechtswidrig geschädigt oder in einer der Aktiengesellschaft nach §§ 31, 278, 831 BGB zurechenbaren Art und Weise rechtswidrig bereichert bzw. falsch dargestellt wird. Dementsprechend verkörpert etwa der Vorratsdiebstahl genauso wirtschaftskriminelles Verhalten wie die Bilanzfälschung oder die Verletzung von Wettbewerbsvorschriften.“[6]

[5] ANTOGNAZZA (1992), S. 266.
[6] HAUSER (2000), S. 31.

Wirtschaftskriminalität bei KPMG wird als „Straftaten, die sich im Wirtschaftleben unter Missbrauch des dort herrschenden Vertrauensprinzips ereignen[7]", verstanden.
PRICEWATERHOUSECOOPERS hingegen subsumiert unter den Begriffen Wirtschaftskriminalität und dolose Handlungen folgende Sachverhalte zum Nachteil der Unternehmen:

- Cybercrime: Wirtschaftskriminelle Handlungen mittels Informationstechnologien (inkl. Vireninfektion, Hacker, Diebstahl von Vermögen oder Missbrauch durch Beschäftigte).

- Erpressung: Die Drohung, Maßnahmen zu ergreifen oder davon abzusehen, wenn der Erpresser kein Geld oder sonstige Zuwendungen erhält.

- Geldwäsche: Verschleierung der Tatsache, dass Geld aus illegalen Handlungen stammt.

- Korruption (Bestechung): Einen Vorteil für eine Gegenleistung anbieten, versprechen zu gewähren oder sich gewähren zu lassen, die im Widerspruch zu eigenen Pflichten und Rechten oder denen anderer steht.

- Unterschlagung: Veruntreuung von Vermögen (einschließlich monetären Vermögens) durch Beschäftigte.

- Vertrauensbruch: Veruntreuung von Vermögen oder Bilanzfälschung durch die Geschäftsführung (vgl. PRICEWATERHOUSECOOPERS (2001), S. 28).

Im Bereich der Revision und Wirtschaftsprüfung sind unterschiedliche, wenn auch im Vergleich zu allgemeinen Definitionen weniger heterogene, Ansätze erkennbar.

2.1.3 Soziologischer Definitionsansatz

Der amerikanische Soziologe SUTHERLAND führte 1940 in seinem Standardwerk den Begriff „white-collar crime" ein. Er konnte durch seine Arbeit das Phänomen der Wirtschaftskriminalität in das Bewusstsein der Öffentlichkeit rücken und damit den Ausgangspunkt für die Diskussion setzen.

Im Zuge seiner empirischen Studien stellte er signifikante Merkmale über Täterkreise, Tatmodalitäten und die äußeren (materiell erfassbaren) Schäden der Wirtschaftskriminalität heraus.

---

[7] KPMG (2003), S. 8.

Das daran Besondere war aber der Umstand, dass er als erster in der wissenschaftlichen Literatur bekannte Autor die soziale Stellung des Täterkreises in den Vordergrund brachte.
Die von SUTHERLAND beschriebene Kriminalität ist kein nur auf untere Gesellschaftsschichten beschränktes Phänomen, sondern tritt selbst, sogar insbesondere, in sozial angesehenen und wirtschaftlich gut gestellten Kreisen im Zusammenhang mit der Berufsausübung sowie der Sicherung der materiellen Lebensgrundlage auf. Der Aspekt der Berufsbezogenheit, von SUTHERLAND als „(...) in the course of his occupation“[8] bezeichnet, wurde in der Folgezeit zunehmend mehr in den Vordergrund gestellt und als jede Gesetzesverletzung verstanden, die vornehmlich von Berufstätigen, Geschäftsleuten und Politikern in Ausübung ihrer beruflichen Tätigkeit begangen wird (vgl. RICKS (1995), S. 73).
In der deutschsprachigen Literatur wird die Berufsbezogenheit gegenüber dem sozialen Status des Täterkreises vorgezogen. Neben den besonderen Tätereigenschaften, den Tatmodalitäten oder dem Bezug zum wirtschaftlichen Leben – als Charakteristika der Wirtschaftsstraftaten – werden auch die Bereicherung auf Kosten der Allgemeinheit oder Gruppen im Gegensatz zu den über Einzelinteressen hinausgehenden Störungen des Wirtschaftslebens genannt (vgl. SCHMÖLDERS (1957), S. 14).

Dieser kriminologisch-soziologische Ansatz, wie er häufig ausführlich in der einschlägigen Literatur bezeichnet wird, entfachte nicht nur die Diskussion um das Thema Wirtschaftskriminalität, sondern schärft auch das Bewusstsein für sozialschädliche Verhaltensweisen in gehobenen sozialen Schichten im Zusammenhang mit dem Wirtschaftsleben (vgl. BERCKHAUER (1977), S. 56).

2.2 Begriff der Weiße-Kragen-Kriminalität (white-collar crime)

Wie bereits unter 2.1.3 einführend dargestellt, wurde der Begriff „white-collar crime“ von SUTHERLAND in den 40er Jahren in die wissenschaftliche Diskussion eingeführt. An dieser Stelle soll aber darauf eingegangen werden, dass es sich dabei nicht nur um einen Ansatzpunkt zur Definition und zum Umfang des Begriffes Wirtschaftskriminalität handelt, sondern dass „white-collar crime“ eine weiter fassende Definitionsgrundlage bietet.
SUTHERLAND definiert “white-collar crime” als “(…) a crime committed by a person of respectability and high social status in the course of his occupation”[9].

Die Bedeutung des Ansatzes liegt insbesondere in der Feststellung, dass kriminelles Verhalten im wirtschaftlichen Verkehr nicht auf die Unterwelt beschränkt werden kann, sondern ebenfalls in der Oberwelt, also bei Personen mit hohem

[8] SUTHERLAND (1949), S. 9.
[9] SUTHERLAND (1949), S. 9.

sozialen Status, erkennbar ist. Während die von SUTHERLAND zur Gruppe der Wirtschaftskriminellen subsumierten Personen sich innerhalb der Oberschicht befanden, setzte sich in den vergangenen Jahren die Erkenntnis durch, dass, unabhängig von ihrer Zugehörigkeit zu einer sozialen Schicht, Wirtschaftskriminelle überall zu finden sind (vgl. u. a. VOYAME (1982), S. 24 und SCHMID (1976), S. 51).
Diese Erkenntnisse lassen auch den Schluss zu, dass wirtschaftskriminelle Handlungen und Regelüberschreitungen von jeder im Unternehmen beschäftigten Person ausgeführt werden können. Das Gefahrenpotenzial ist also nicht so gering und auf einzelne Bereiche reduzierbar, wie oft vermutet wird. Darin liegt das eigentliche Problem, welches bei der Bewertung von diesem Thema ausgeht. Unternehmen haben sich bewusst zu machen, wie sie mit der Gefahr, Opfer solcher Handlungen zu werden, umzugehen lernen. Dies ist dann besonders wichtig, wenn über Präventions- und Bekämpfungsansätze nachgedacht wird.
Viele Autoren des deutschsprachigen Raums haben, vor allem in der Vergangenheit, den Terminus von SUTHERLAND übernommen, teilweise übersetzt in "Weiße-Kragen-Kriminalität", oft aber den Begriff explizit oder implizit mit dem Begriff Wirtschaftskriminalität synonym gebraucht. Auch wenn der Begriff „Weiße-Kragen-Kriminalität" als sehr plakativ empfunden werden kann, sollte es dennoch vermieden werden, beide Begriffe gleichzusetzen. Wirtschaftskriminalität und „Weiße-Kragen-Kriminalität" sind nicht deckungsgleich (vgl. MOLSBERGER (1976), S. 182).
Der Begriff „white-collar crime" ist in mehrfacher Weise weiter gefasst, denn er bezeichnet alle kriminellen Praktiken, die in irgendeinem Zusammenhang mit der beruflichen Betätigung stehen und bei denen der Täter nicht dem Stereotyp des herkömmlichen „Kriminellen" entspricht (vgl. BERCKHAUER (1977), S. 49).

Im Gegensatz zu dem weiter gefassten Begriff „white-collar crime" bezeichnet der Begriff Wirtschaftskriminalität in der deutschen Diskussion einen spezifischen wirtschaftsbezogenen Sachverhalt, auch wenn Merkmale der einzelnen Definitionen unterschiedlich gefasst sind (vgl. BERCKHAUER (1977), S. 51). Wirtschaftskriminalität kann also auch verstanden werden als „(...) ein Teil, d. h. eine Untermenge (nicht Schnittmenge) der allgemeinen Kriminalität; Weiße-Kragen-Kriminalität ist eine andere Untermenge, die (nur) teilweise mit der Wirtschaftskriminalität deckungsgleich ist."[10]

2.3 Umfassender Definitionsansatz

Die Liste der in der Literatur verwendeten Definitionen ist lang. Wie eingangs bereits erwähnt, ist es u. a. davon abhängig, welche Zielsetzung mit der jeweiligen Arbeit verfolgt wird. Für die vorliegende Arbeit ist die Definition essentiell,

[10] RICKS (1995), S. 83.

da aus ökonomischer Sicht keine „Tatbestände" im eigentlichen (und juristischen) Sinne verwirklicht werden. Die Komplexität für die ökonomische Bewertung ergibt sich daraus, dass jede im Unternehmen beschäftigte Person sich regelüberschreitend oder wirtschaftskriminell verhalten kann und manche Delikte nicht primär dem Wirtschaftssektor zuzurechnen sind, aber dem Unternehmen aus jener Handlung ein deutlicher Schaden entstehen kann (z. B. bei Diebstahldelikten).

Um Wirtschaftskriminalität aus ökonomischer Sicht evaluieren zu können, muss die Definition anderen Kriterien unterworfen werden, als dies bei der polizeilichen oder juristischen Bewertung getan wird.

Der Definitionsansatz von HAUSER, verstanden als „(...) alle von Mitarbeitern, Vorständen oder außenstehenden Dritten vorsätzlich begangenen Handlungen, durch die das Vermögen (...) entweder rechtswidrig geschädigt oder (...) rechtswidrig bereichert bzw. dargestellt wird"[11], deckt einen sehr großen Teil, auch der nicht im Wirtschaftsstrafrecht angesiedelten Sachverhalte ab. ROTH definiert Wirtschaftskriminalität, die in Unternehmen auftritt als „durch Unternehmensangehörige verursachte Schädigungen strafrechtlicher Art zum Nachteil der Unternehmung."[12] Beide Definitionen sind jedoch, wenn auch nicht direkt auf das Wirtschaftsstrafrecht eingeschränkt, stark an juristisch zu bewertenden Sachverhalten orientiert.

Bei der dieser Arbeit zugrunde liegenden Definition soll mehr in den Vordergrund treten, dass sich durch jede „nicht normenkonforme Handlung" bzw. durch jedes „nicht normenkonforme Verhalten" im betrieblichen Umfeld - wobei dies in einer Verletzung von Rechtsnormen, Betriebsnormen, moralischen Normen oder sonstigen Normen liegen kann -, einer im Unternehmen beschäftigten Person, eine verursachte Schädigung zum ökonomischen Nachteil des Unternehmens ausgewirkt hat oder auswirken wird, wobei dies nicht durch Bewertungsmethoden (z. B. beim Jahresabschluss) prüfbar nachzuweisen sein muss.
Ein daraus entstandener oder entstehender ökonomischer Nachteil kann daher, aber muss nicht zwingend, in Geldwert messbar sein, da die nicht registrierten Schäden (z. B. durch Verlust von Reputation der Unternehmung) kaum bis gar nicht quantifizierbar sind und solchen Handlungen auch nicht direkt zugeordnet werden können. Jedoch müssen insbesondere solche qualitativen Schäden in die Bewertung mit einfließen, da deren zukünftige Bedeutung im Wettbewerb als Nachteil zur Konkurrenz immer mehr an Gewicht zunimmt.
Ökonomisch muss jede schädigende Handlung einer Evaluation unterzogen werden, wenngleich durchaus Sachverhalte denkbar sind, bei denen aus der Handlung an sich, z. B. durch positive Effekte für das Unternehmen gedeckt, der

[11] HAUSER (2000), S. 31.
[12] ROTH (1994), S. 24.

Schaden des Unternehmens relativiert wird. Dies könnte möglicherweise z. B. bei höherer Produktivität durch Raucherpausen oder private Internetnutzung gegeben sein. Es kann dann somit bei der Bekämpfung und Bewertung auf mehrere Optionen der Sanktionierung zurückgegriffen werden, die nicht zwangsläufig juristischen Bewertungskriterien unterliegen müssen (vgl. hierzu insbesondere Kapitel 5 und 6).

2.4 Merkmale und Probleme der Wirtschaftskriminalität

Um der Problematik entgegenzuwirken, dass sich das Thema Wirtschaftskriminalität nur schwierig in eine Nominaldefinition zwängen lässt, ist es sinnvoll, eine Realdefinition anhand verschiedener, regelmäßig vorkommender Charakteristika zu erklären und abzugrenzen.

2.4.1 Wirtschaftskriminalität verursacht hohe materielle und immaterielle Schäden

So wird bei VOYAME allgemein angenommen, dass der durch wirtschaftskriminelle Handlungen bewirkte materielle Schaden zwei- oder dreimal so hoch ist wie bei allen übrigen Deliktsfällen (vgl. VOYAME (1982), S. 25).
Werden aktuelle empirische Erhebungen der registrierten Wirtschaftsstraftaten betrachtet, so wird der Eindruck, die verursachten Schäden seien im Vergleich zu sonstigen Straftaten deutlich höher, auch hier bestätigt. Die Anzahl der Fälle sowie die daraus entstehenden Schäden sind hierbei verglichen mit der Fallanzahl für sonstige Straftaten völlig anders gelagert.
Das Bundeskriminalamt konnte dabei für den Schaden folgende Verteilung feststellen:

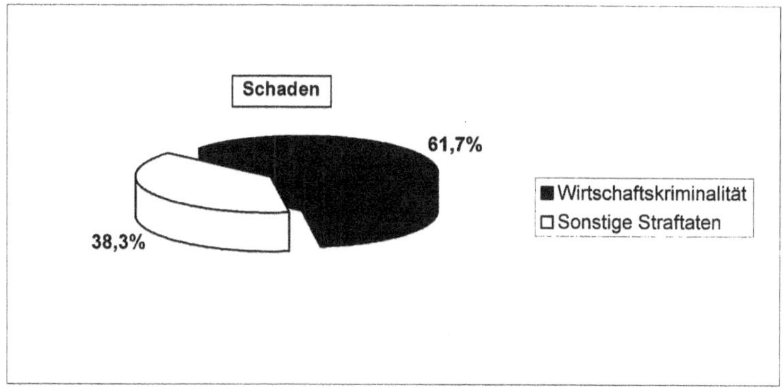

Abb. 1: Verteilung des registrierten Gesamtschadens

Quelle: Eigene Darstellung in Anlehnung an BUNDESKRIMINALAMT (2002), S. 25.

Bei der Verteilung der Fallanzahl indes wurden folgende Daten ermittelt:

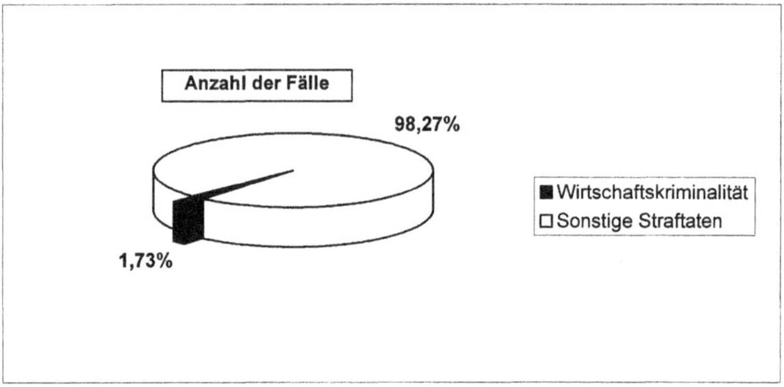

Abb. 2: Verteilung der registrierten Gesamtfallanzahl

Quelle: Eigene Darstellung in Anlehnung an BUNDESKRIMINALAMT (2002), S. 25.

Dies bedeutet, dass 1,73 % aller registrierten Straftaten 61,7 % des registrierten Gesamtschadens verursachen. Damit wird deutlich, in welchen Größenordnungen hier Schaden entstehen kann.

Auch die auf mikroökonomischer Ebene durchgeführte Untersuchung der KPMG bei 1.000 Unternehmen ergab, dass Einzelschäden bis zu 85 Mio. € verursacht wurden (vgl. KPMG (2003), S. 9).

In mindestens gleichem Maße gravierend wie die materiellen Schäden sind die immateriellen Schäden zu bewerten, korrumpieren sie doch die Wirtschaft und ihre Ordnung, die Wirtschaftsethik und das ökonomische Verhalten der Wettbewerbsteilnehmer. Die im Wirtschaftsleben erforderliche Vertrauensbasis wird stark erschüttert (vgl. ROTH (1994), S. 4). Bei MEIER können „Wirtschaftliche Beziehungen (..) vernünftiger Weise nur begründet und gefestigt, geschäftliche Transaktionen nur befriedigend vollzogen werden, wenn und soweit sich die Wettbewerbsteilnehmer auf der Basis des gegenseitigen Vertrauens begegnen.“[13]

ZIRPINS & TERSTEGEN sprechen in diesem Zusammenhang von einer Sog- und Spiralwirkung, bei der sich jemand durch wirtschaftsdelinquentes Verhalten einen Wettbewerbsvorsprung verschafft und damit seine Konkurrenten zwingt aufzuholen, was diese unter Umständen veranlasst, ebenfalls zu delinquieren (vgl. ZIRPINS & TERSTEGEN (1963), S. 98).

[13] MEIER (1986), S. 13.

2.4.2 Wirtschaftskriminalität wird ohne Gewalt verübt

„Es fällt sofort auf: Hier fliesst kein Blut, es gibt keine Gewalttätigkeiten. Man hat sozusagen mit Salonkriminellen zu tun.“[14] Bei Wirtschaftskriminellen hat man es nicht, wie der Begriff Kriminalität zu implizieren versucht, mit gesellschaftlichen Außenseitern zu tun, denn sie sind in die Gesellschaft integriert. Es handelt sich im Allgemeinen vielmehr um intelligente Menschen, „(...) die sich im Räderwerk der Wirtschaft genau auskennen und dessen schwache Stellen rasch aufgespürt haben. Sie benützen die Einrichtungen unseres Wirtschaftslebens meisterhaft und erwecken nach aussen den Eindruck umsichtiger und erfolgreicher Geschäftsleute. Wirtschaftskriminelle begehen ihre deliktischen Handlungen im Rahmen eines legalen und seriösen Geschäftsumfeldes, oft als angesehene Persönlichkeiten.“[15]

Im Vergleich zu Straftaten wie Raub und Mord, die äußerlich sofort erkennbar sind, bleibt Wirtschaftskriminalität häufig verborgen, zum Teil sogar dann noch, wenn sich der Schaden durch Liquiditätskrisen oder Unternehmenszusammenbrüche offenbart (vgl. ROTH (1994), S. 5).

U. a. aus diesem Grund werden das Thema Wirtschaftskriminalität und die damit verbundenen Verfehlungen von vielen zu Kavaliersdelikten abgestuft oder erhalten sogar den Status einer Art Volkssport. SCHMID weist in diesem Zusammenhang auf das Steuer- und Zollstrafrecht sowie das landläufige Beschummeln der Versicherungsgesellschafen bei Schadensfällen hin: „Man ist, wenn man sich all dies vor Augen hält, versucht zu sagen, dass nicht nur die Wirtschaftsverbrecher unter uns sind, sondern dass der Hang zum Wirtschaftsverbrechen, vielleicht nur im Kerne, in uns allen vorhanden ist.“[16]

2.4.3 Die Aufdeckung von Wirtschaftskriminalität ist schwierig

Die besondere Schwierigkeit bei der Erkennung und Aufdeckung von Wirtschaftskriminalität beruht auf der „Aneinanderreichung, Verkettung und Mischung legaler und rechtswidriger Handlungen“ und „in der Gleichartigkeit kriminellen und legalen Vorgehens über weite Strecken der Wirtschaftsstraftat“[17]. Bei einigen wirtschaftskriminellen Handlungen kommt der Zeitfaktor erschwerend hinzu, wo die Aufdeckung Jahre nach der Begehung der Tat eine Nachvollziehbarkeit und Zurechenbarkeit nicht mehr möglich macht. Auch im Rahmen global agierender Unternehmen führt die Zusammenarbeit mit ausländischen

[14] VOYAME (1982), S. 24.
[15] ROTH (1994), S. 5.
[16] SCHMID (1972), S. 54.
[17] LANGEN (1972), S. 10.

Personen und Institutionen bei der Aufdeckung zur weiteren Steigerung der Komplexität und Undurchschaubarkeit der begangenen Handlungen.

Die genannten Charakteristika fasst ANTOGNAZZA juristisch zweckmäßig wie folgt zusammen: „Unter einem Wirtschaftsdelikt ist das im Strafgesetzbuch als gewöhnlicher Tatbestand geregelte Verbrechen oder Vergehen zu verstehen, das in kaufmännisch getarnter Form einen Missbrauch des im Geschäftslebens herrschenden Vertrauensprinzips beinhaltet, über Einzelinteressen hinaus das gesamte Wirtschaftsleben erheblich stört oder gefährdet und wegen der Vielzahl der Begehungsformen und der Verfilzung zahlreicher Tatbestände nur mit grössten Schwierigkeiten und ausgeprägtem Fachwissen aufzudecken ist.“[18]

2.5 Überblick über die empirische Fallzahlenentwicklung registrierter Wirtschaftsstraftaten in Deutschland

Beim Versuch, sich mit dem Thema Wirtschaftskriminalität, gestützt auf empirische Erhebungen, auseinanderzusetzen, wird schnell deutlich, dass es an systematischen Vorarbeiten, an empirisch verlässlichen Daten, an Material und methodischen Grundlagen fehlt, wenngleich eine Vielzahl von Veröffentlichungen über politische und wirtschaftliche Verbrechen zu verzeichnen ist, die aber nicht immer dem Anspruch einer wissenschaftlichen Arbeit gerecht werden.

Beim Bundeskriminalamt werden alle registrierten Fälle von Wirtschaftskriminalität auf der Grundlage der „Polizeilichen Kriminalstatistik (PKS)“ im „Jahresbericht Wirtschaftskriminalität“ zusammengefasst. Der „Jahresbericht Wirtschaftskriminalität“ soll als wichtige zusätzliche Grundlage zur Lagebeurteilung verstanden werden, woraus lageangepasstes Handeln und damit die Voraussetzung für eine effiziente Bekämpfung von Wirtschaftskriminalität abgeleitet werden kann (vgl. BUNDESKRIMINALAMT (2002), S. 16).

Wird jedoch versucht, die zukünftige Entwicklung der Fallzahlen anhand von Vergangenheitswerten zu extrapolieren, wird deutlich, dass hier eine hohe Volatilität vorhanden ist. Für registrierte Wirtschaftsstraftaten lässt sich anhand der Datenreihe kein tendenzieller Trend oder eine durchschnittliche Steigerung feststellen.

Für das Jahr 2001 konnten 110.018 Fälle dem Bereich Wirtschaftskriminalität zugeordnet werden, wobei die Steigerung zum Vorjahr bei 21,3 % lag und sich damit wieder etwa auf dem Niveau von 1999 bewegte (vgl. BUNDESKRIMINALAMT (2002), S. 22 f).

[18] ANTOGNAZZA (1992), S. 266.

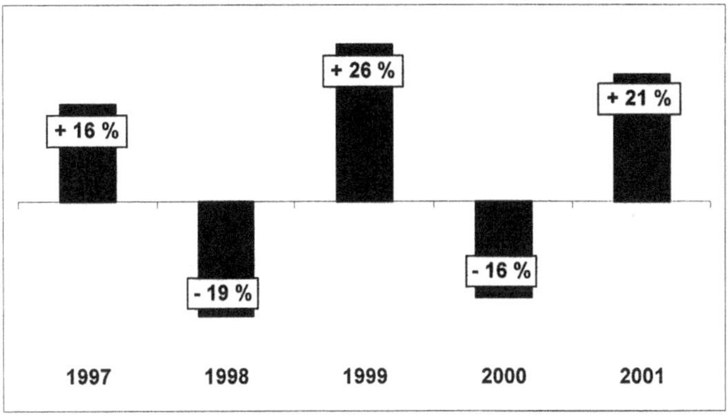

Abb. 3: Schwankungsbreite registrierter Fallzahlen im Bereich Wirtschaftskriminalität von 1997-2001

Quelle: Vgl. BUNDESKRIMINALAMT (2002), S. 23.

Auch wenn der „Jahresbericht Wirtschaftskriminalität" nicht alle für eine betriebswirtschaftlich adäquate Beurteilung benötigten Sachverhalte, welche auch über die polizeiliche Definition hinaus gehen, abzeichnen kann, ist dessen Auswertung trotz alledem eine wichtige Informationsquelle für häufig auftretende wirtschaftskriminelle Handlungen im Geschäftsverkehr und sollte deshalb auch in die Risikobetrachtung mit einbezogen werden.

Neben den vom Bundeskriminalamt geführten Statistiken existieren auch Daten aus Studien, die von der Wirtschaft selbst betrieben werden.

Insbesondere aktiv mit diesem Thema befasst sind die Wirtschaftsprüfungsgesellschaften Ernst & Young, KPMG und PricewaterhouseCoopers. In regelmäßigen Abständen werden Untersuchungen und Befragungen auf nationaler und auch internationaler Ebene durchgeführt, welche auch dazu beitragen, dass sich die in den Unternehmen Verantwortlichen mit der Existenz dieser Thematik auseinander setzen. Oft jedoch besteht eine große Divergenz zwischen der wahrgenommenen und tatsächlich vorhandenen Wirtschaftskriminalität bzw. der im Unternehmen wahrgenommenen und der im Gesamtmarkt wahrgenommenen Wirtschaftskriminalität. Auf die hier beschriebenen Sachverhalte wird später noch explizit eingegangen.

Ebenfalls an der Diskussion über das Thema Wirtschaftskriminalität sind Handelskammern interessiert. Explizit zu nennen sind dabei die Industrie- und Handelskammer (IHK) bzw. der Deutsche Industrie- und Handelskammertag (DIHK) auf nationaler Ebene sowie die International Chamber of Commerce (ICC) für supranationale Belange.

Bei Auswertung des vorhandenen Portfolios an Informationen kann bereits ein beträchtlicher Teil an Desinformation von Unternehmen und Entscheidungsträgern abgebaut werden, auch wenn, wie erwähnt, auf nur wenige Quellen mit höchst unterschiedlichen Definitionen und Ausrichtungen zurückgegriffen werden kann.

3. BETRACHTUNG DES FAKTORS MENSCH

Auch in Zeiten wachsenden Automatisierungs- und Rationalisierungsdrucks, stagnierender wirtschaftlicher Entwicklung sowie hoher Arbeitslosenzahlen, ist der Mensch im Unternehmen weiterhin einer der zentralen Faktoren, um Waren und Dienstleistungen am Markt positionieren und verkaufen zu können. Im wirtschaftlichen Verkehr, und insbesondere im Bereich Wirtschaftskriminalität, ist es somit von großer Bedeutung, sich mit dem Verhalten und Handeln von Menschen auseinanderzusetzen.

Was in der Vergangenheit nur der Disziplin Psychologie vorbehalten blieb, hat in den letzten Jahrzehnten mehr und mehr Einzug in die modelltheoretischen Grundlagen der Ökonomie (hier sei z. B. der Ansatz des „homo oeconomicus" erwähnt) gehalten und somit auch den Umgang mit dem Faktor Menschen beeinflusst. Allein die Komplexität des menschlichen Verhaltens und Handelns mit der Vielzahl an Ausprägungsmöglichkeiten und Bedingungsfaktoren wirft Fragen und Probleme auf und macht eine Generalisierung schwierig bis unmöglich. Dies gilt wohl in allen Bereichen des Lebens und somit eben auch im betrieblichen Alltag.
Zudem ist es notwendig, die komplexen Verbindungen und Strukturen der Individuen untereinander verstehen zu lernen, die im Arbeitsprozess jeglicher Organisationen vorhanden sind, und das Individuum ihrerseits beeinflussen können.

Aus diesen Gründen liegt es auf der Hand, dass es kaum eine „goldene Regel" geben kann, mit welcher die Probleme im Zusammenhang mit der Komplexität des Menschen erfassbar wären. Das Gegenteil ist der Fall. Menschen wie auch Unternehmen (und deren Organisationen) unterscheiden sich in vielfältiger Weise voneinander, und sie verändern sich wiederum aufgrund ihrer Dynamik über kurze oder lange Zeitabläufe selbstständig (vgl. WEINERT (1992), S. 23).

Der Mensch bewegt sich somit im privaten, wie auch im beruflichen Bereich, im Spannungsfeld vielfältiger Bedingungsfaktoren, wie z. B. Wünschen, Erwartungen, Motivationen, Bedürfnissen, Ängsten oder Affekten, die miteinander in Interaktion stehen bzw. komplementären und divergenten Charakter haben.

Beantwortet werden müssen demnach Fragen u. a. nach den Persönlichkeitsstrukturen, den Gründen für menschliches Verhalten und Handeln, deren Beeinflussung durch vorgegebene Restriktionen sowie deren Zusammenwirken mit anderen Bestimmungsfaktoren, um daraus Folgerungen für den Bereich der Wirtschaftskriminalität ableiten zu können.

Um eine Grundvorstellung über menschliche Verhaltensweisen und Handlungen bekommen zu können, soll im Folgenden anhand einer multiperspektivischen

Darstellung beantwortet werden, wie der Mensch in den das Thema beeinflussenden Disziplinen dargestellt wird.

3.1 Der ökonomische Erklärungsansatz

3.1.1 Verhalten als rationales Handeln?

(Fast) jede sozial- oder gesellschaftswissenschaftliche „Disziplin" versucht sich mit dem Menschen als Individuum oder mehreren Individuen in einer Gruppe auseinanderzusetzen. So ist es auch nicht weiter verwunderlich, dass aus diesem Hintergrund unterschiedliche Erklärungsmodelle für menschliches Verhalten publiziert wurden und noch immer werden. Vor rund 45 Jahren wurde z. B. der „homo sociologicus" von DAHRENDORF ins Feld geführt. Neben der soziologischen Betrachtungsweise sind in der wissenschaftlichen Literatur noch der „homo politicus" und der „psychological man" anzutreffen.

Wenn nun versucht wird, das Leben in unterschiedliche „Teile" aufzuspalten, dann „(...) hat es im Bereich der Sozialwissenschaften die Soziologie mit sozialen Vorgängen, die Politikwissenschaft mit politischen Vorgängen, die Rechtswissenschaft mit rechtlichen Vorgängen und schließlich die Wirtschaftswissenschaft oder Ökonomie mit wirtschaftlichen Vorgängen zu tun, wobei man dann nach Volks- und Betriebswirtschaft aufspalten kann, je nachdem ob man einzel- oder gesamtwirtschaftliche Vorgänge betrachtet."[19]

Auch die ökonomische Betrachtungsweise bedient sich eines Modells zur Erklärung menschlichen Verhaltens. Beim ökonomischen Verhaltensmodell, dem „homo oeconomicus", wird versucht, das menschliche Verhalten dadurch erklären zu können, dass unterstellt wird, dass sich die einzelnen Individuen rational verhalten. Die Individuen handeln also dadurch, dass sie aus den ihnen zu Verfügung stehenden Möglichkeiten eine rationale Auswahl treffen (vgl. KIRCHGÄSSNER (1991), S. 2).

Die Entscheidungssituationen der Individuen lassen sich dabei durch zwei Elemente beschreiben (vgl. u. a. RICKS (1995), S. 26; KIRCHGÄSSNER (1991), S. 13):

- Präferenzen und
- gegebene Restriktionen

[19] KIRCHGÄSSNER (1991), S. 1.

„In einer bestimmten Entscheidungssituation begrenzen die Restriktionen den Handlungsspielraum des Individuums; innerhalb dieses Handlungsspielraumes liegen die einzelnen Handlungsmöglichkeiten, die ihm zur Verfügung stehen und aus denen es auswählen muß. Dabei muß das Individuum nicht alle Handlungsmöglichkeiten genau kennen. In der Regel kennt es nur einen Teil davon und häufig nur einen sehr begrenzten Ausschnitt, und es kennt auch nur einen Teil der möglichen Konsequenzen. Vor einer Entscheidung muß es diese daher abschätzen, d. h. es muß (bedingte) Erwartungen bzw. Prognosen für die Zukunft machen."[20]

Diese Situation liegt im beruflichen Alltag, wie auch im privaten Bereich, oft vor. Aber wenn Sachverhalte und/oder deren Betrachtungsrahmen hoch komplex sind, wird eine Entscheidung, basierend auf umfassendem Wissen, nahezu unmöglich.
So besteht eine seiner verschiedenen Handlungsmöglichkeiten darin, die Entscheidung zeitlich in die Zukunft zu verlagern, um an neue Informationen zu gelangen; also seine Kenntnis über die einzelnen Handlungsmöglichkeiten und deren Konsequenzen zu erweitern (vgl. KIRCHGÄSSNER (1991), S. 13).

Bei der Entscheidung zwischen mehreren Handlungsmöglichkeiten wird unterstellt, dass sich das Individuum in der Situation der Knappheit befindet, in der nicht alle seine Bedürfnisse gleichzeitig befriedigt werden können. Er ist also gezwungen, sich jeweils zwischen mehreren Möglichkeiten zu entscheiden (vgl. RICKS (1995), S. 27).

PRIDDAT sieht aber hier schon die ersten Probleme dahingehend, dass die Entscheidung, getroffen unter Knappheitsbedingungen, nicht automatisch zu einem rationalen Wahlvorgang führen muss (vgl. PRIDDAT (1998), S. 2). Der Begriff der Knappheit ist in diesem Zusammenhang für ihn „(...) nur eine andere Redeweise für den Umstand, daß mehr Wünsche vorgebracht werden als aktuell verwirklicht werden können. Rationale Wahlhandlungen dagegen zeichnen sich zusätzlich durch eine besondere Entscheidungsform aus: Daß die beste der gegebenen Alternativen gewählt werden soll."[21]

RICKS und KIRCHGÄSSNER nennen zwei wichtige Punkte bei der Entscheidung des Individuums zwischen den ihm zur Verfügung stehenden Alternativen (vgl. u. a. RICKS (1995), S. 27 f; KIRCHGÄSSNER (1991), S. 16):

- **Eigenständigkeit der Entscheidung**: Das Individuum handelt entsprechend seiner eigenen Präferenzen und nicht entsprechend den Präferenzen anderer. Die Interessen anderer Individuen werden dabei berücksichtigt,

[20] KIRCHGÄSSNER (1991), S. 13.
[21] PRIDDAT (1998), S. 2.

was im Extremfall bis hin zu Missgunst, Neid oder aber auch Altruismus gehen kann. Berücksichtigt werden die Interessen jedoch nur, soweit sie den eigenen Handlungsraum beeinflussen.

- **Rationalität der Entscheidung**: Dabei soll aber nicht das Individuum gleichsam als wandelnder Computer gesehen werden, der immer die beste aller vorhandenen Möglichkeiten blitzschnell zu ermitteln im Stande ist. Rationales Verhalten soll lediglich bedeuten, dass das Individuum prinzipiell in der Lage ist, gemäß seinem relativen Vorteil zu handeln. Zu berücksichtigen ist hierbei, dass die Entscheidung immer unter unvollständigen Informationen, unbekanntem Risiko und Zeitdruck getroffen werden muss.

  Zu bedenken ist aber ebenfalls, dass die Beschaffung zusätzlicher Informationen auch zusätzlich Kosten verursachen. Die Kosten zur Informationsbeschaffung wird das Individuum insbesondere dann auf sich nehmen, wenn es eine relevante Veränderung seines Handlungsspielraums (und/oder seiner Präferenzordnung) registriert und daher eine neue Abschätzung und Bewertung seiner Handlungsmöglichkeiten vornehmen muss.

  Das rationale Individuum reagiert auf eine solche Veränderung systematisch, d. h. nicht zufällig oder willkürlich, jedoch auch nicht dadurch, dass es sich unabhängig von diesen Veränderungen streng an vorgegebene Regeln hält (vgl. KIRCHGÄSSNER (1991). S. 17 f).

KIRCHGÄSSNER formuliert dies zusammenfassend so, dass „(...) unterstellt wird, daß sich Individuen an veränderte Umweltbedingungen entsprechend ihrer Zielvorgaben (Präferenzen) in systematischer und damit vorhersagbarer Weise anpassen, wobei sich solche Veränderungen sowohl durch Handeln anderer Individuen, z. B. durch politische Maßnahmen, als auch durch Veränderungen der natürlichen Bedingungen ergeben können.“[22] Und KLIEMT sieht das Prinzip folgendermaßen: „Alles intentionale menschliche Verhalten ist als präferenzgeleitetes, individuelles Anpassungsverhalten zu erklären.“[23]

Für BRIDDAT ist das Rationalitätspostulat keine notwendige Bedingung, sondern eine zusätzliche Anforderung an das Allokationsverfahren, da die Individuen eben nicht irgendwelche Entscheidungen tätigen, sondern diejenige (singuläre) Entscheidung, die sie getroffen haben – in der Kenntnis aller anderen Entscheidungsmöglichkeiten, die sie auch hätten wählen können – nicht mehr revidieren wollen. Es soll nicht nur einer der vielen Wünsche erfüllt werden, son-

[22] KIRCHGÄSSNER (1991), S. 18.
[23] KLIEMT (1984), S. 17.

dern sie sollen sichergehen, dass sie sich aktuell den Wunsch erfüllen, den sie am stärksten verspüren (vgl. BRIDDAT (1998), S. 3).

Wie ist das Handeln aus rationalen Gesichtspunkten nun im Zusammenhang mit Kriminalität und insbesondere mit Wirtschaftskriminalität zu bewerten?

Die zwei für das ökonomische Verhaltensmodell genannten Prämissen – Eigenständigkeit und Rationalität der Entscheidung – sollen als Anfangspunkt der Überlegungen gelten. Durch diese Punkte wird die Entscheidungsfindung anhand der Präferenzen – bei Kriminalität also z. B. das Tun oder Lassen – beeinflusst. Die Motive zur Begehung krimineller Handlungen sind indes sehr vielfältig und werden an späterer Stelle ausführlicher dargestellt (vgl. auch Kapitel 3.4.1.3).

3.1.2 Einfluss von gegebenen Restriktionen – Regeln und Normen

Die Frage nach dem Einfluss von Restriktionen ist bei der Evaluation von Wirtschaftskriminalität ein zentraler Punkt. Die beeinflussenden Regeln sollen in zwei Kategorien unterteilt werden:

- **Interne Regeln:** Regeln, die sich das Individuum selber setzt und bei Bedarf wieder abändern kann.
- **Externe Regeln:** Regeln, die von außen auf das Individuum wirken. Darunter sollen u. a. gesetzliche und betriebliche Normen sowie gesellschaftliche Regeln subsumiert werden (vgl. u. a. KIRCHGÄSSNER (1991), S. 34 und RICKS (1995), S.30).

Ein Individuum wird, insbesondere dann, wenn der Rationalitätsgrundsatz unterstellt ist, nicht willkürlich und blind eine Regel anwenden. Wenn nun relevante Veränderungen in seiner aktuellen Handlungssituation registriert werden, wird sich das Verhalten ändern und damit möglicherweise auch seine Handlungsregel der neuen Situation anpassen (vgl. RICKS (1995), S. 30).

So ist es in vielen Fällen für das Individuum rational, sich an die Regeln zu halten. Dies gilt schon deshalb, weil die Nichtbefolgung mit erheblichen Kosten (nicht nur finanziellen Kosten) verbunden sein kann, die bei der Abwägung der Kosten und Nutzen einer Regelverletzung berücksichtigt werden müssen. Doch es kann auch als rational für das Individuum gesehen werden, sich über Gesetzesvorschriften hinwegzusetzen (vgl. KIRCHGÄSSNER (1991), S. 34). An dieser Stelle wird bereits deutlich, dass normenabweichendes Verhalten – im weitesten Sinne kriminelles Verhalten - kein unbedenkliches und zu vernachlässigendes Problem in Alltag ist. Eine, auch durch Rationalität, getroffene Entscheidung kann eine Normenverletzung zur Folge haben. Ein latentes Kriminalitätsniveau oder ein nicht geringes Kriminalitätspotenzial ist wohl als stetig vorhanden zu vermuten. KIRCHGÄSSNER beschreibt dies plausibel anhand zweier Alltagssituationen im Straßenverkehr, die simultan auch auf Wirtschaftskriminalität übertragen werden können: „Wenn z. B. die Ampeln auf Rot sind, aber kein Verkehr naht, überqueren Fußgänger häufig die Straße und setzen sich damit über das Straßenverkehrsgesetz hinweg. Die Gefahr, dafür gebüßt zu werden, ist schließlich außerordentlich gering. Ebenso werden Geschwindigkeitsbeschränkungen häufig und in bestimmten Situationen fast regelmäßig übertreten. Letzteres geschieht z. B., wenn an Baustellen auf der Autobahn eine zulässige Höchstgeschwindigkeit von 60 Stundenkilometern vorgeschrieben wird. In solchen Situationen kann man beobachten, daß fast alle Personenkraftwagen die zulässige Höchstgeschwindigkeit überschreiten, aber nur wenige um mehr als 20 bis 30 Stundenkilometer.“[24]

Dieses Phänomen ist von dort auf den betrieblichen Alltag übertragbar, wo ebenfalls „Kriminalität im kleinen Stil“ begangen wird, die zwar im eigentlichen Sinne gegen Normen verstößt, aber als in den „Normalbereich“ gehörend verstanden werden, dass sie kaum Beachtung finden.

Für obiges Beispiel kann dies wie folgt erklärt werden: „Die Individuen (Autofahrer) vergleichen den Nutzen (Zeitersparnis) mit den Kosten (erwartete Strafe) einer Geschwindigkeitsübertretung und folgen dann jener (internen) Regel zur Verletzung der staatlich vorgegebenen (externen) Regel, von der sie erwarten, daß sie im „Normalfall“ ihren Nettonutzen maximiert. In Ausnahmefällen, wenn sie z. B. wissen, daß an einer bestimmten Stelle häufig eine Radarkontrolle durchgeführt wird oder wenn sie es besonders eilig haben, halten sie sich jedoch auch nicht an ihre eigenen Regeln.“[25]

3.1.3 Präferenzen von Individuen

Bei der Frage nach den Präferenzen von Individuen im ökonomischen Verhaltensmodell stößt man in der Literatur auf unterschiedliche Probleme (vgl. u. a. KIRCHGÄSSNER (1991), S. 38 und RICKS (1995), S. 31 f):

- Die Annahme konstanter Präferenzen,
- die moralische Frage, ob man tatsächlich die faktischen Präferenzen akzeptieren kann bzw. soll sowie
- die Frage nach der Geltung des Eigennutzaxioms bzw. die Frage welche Rolle der Altruismus spielen kann oder soll.

Es wird in der ökonomischen Betrachtung üblicherweise unterstellt, dass sich die Präferenzen der Individuen wesentlich langsamer verändern als die Restrik-

[24] KIRCHGÄSSNER (1991), S. 34 f.
[25] KIRCHGÄSSNER (1991), S. 35.

tionen und dass sie daher zum Zwecke der Analyse als konstant unterstellt werden können (vgl. KIRCHGÄSSNER (1991), S. 38). BECKER & STIGLER gehen dabei noch einen Schritt weiter und unterstellen allen Individuen identische Präferenzen (vgl. BECKER & STIGLER (1977), S. 76 ff). Die Gegenposition vertreten u. a. ALCHIAN & ALLEN, die dies im Postulat 5 knapp wie folgt formulieren: „Nicht alle Menschen haben gleiche Präferenzmuster."[26]
„Nun soll weder bezweifelt werden, daß die Individuen unterschiedliche Präferenzen haben, noch, daß sich die Präferenzen im Zeitablauf ändern können."[27]
KIRCHGÄSSNER spricht in diesem Zusammenhang von der „Gefahr zur Immunisierung der theoretischen Aussagen", da jede beliebige Änderung unter dem Hinweis auf Veränderungen in den Präferenzen erklärt werden kann. Solange die Präferenzen nicht unabhängig von den Handlungsweisen von Individuen beobachtbar sind, lassen sich solche Aussagen nicht widerlegen. Es scheint daher sinnvoller zu sein, zur Erklärung von Veränderungen im menschlichen Verhalten mit Veränderungen in den (unabhängig erfassbaren) Restriktionen zu arbeiten als mit Veränderungen in den Präferenzen (vgl. KIRCHGÄSSNER (1991), S. 39).

3.1.4 Eigeninteresse und Altruismus

Wie bereits einführend erwähnt, ist die Eigenständigkeit der Entscheidung, also Entscheidungen entsprechend seinen eigenen Präferenzen zu treffen, ein zentraler Punkt. Wie aber verhalten sich die Individuen? Dazu ist die Darstellung des Charakters des im ökonomischen Verhaltensmodell dargestellten Individuums von großer Bedeutung. „Er ist grundsätzlich auf seinen eigenen Vorteil bedacht, ist egoistisch."[28] Es ist zwar durchaus möglich in die Nutzenfunktion auch den Nutzen anderer Wirtschaftssubjekte einzuführen, jedoch wird dies meist vermieden. Daher ist zu fragen, ob sich die Individuen fast ausschließlich egoistisch verhalten oder ob nicht auch ein altruistisches bzw. moralisches Verhalten möglich ist und in welchen Situationen ein solches Verhalten auftritt (vgl. RICKS (1995), S. 33). Egoismus wird allgemein als weniger positive Charaktereigenschaft verstanden, weshalb sich viele auch sträuben, diesen als allgemeine Verhaltensannahme zu akzeptieren. Oft wird bei ökonomisch denkenden Menschen aufgrund des in der Gesellschaft oft verwendeten Terminus des „Gewinnmaximierungsprinzips" rein egoistisches Verhalten im wirtschaftlichen Verkehr unterstellt. Das im Deutschen weniger gebräuchliche Wort „eigeninteressiert" beschreibt eigentlich deutlich besser, was gemeint ist, weil es einen weniger pejorativen Beigeschmack hat als das Wort „egoistisch". In der englischen Terminologie handelt es sich um „self-interest" und nicht um „selfishnes" (vgl. POSNER (1978), S. 94).

---

[26] ALCHIAN & ALLEN (1964), S. 23.
[27] KIRCHGÄSSNER (1991), S. 38 f.
[28] KIRCHGÄSSNER (1991), S. 46.

In diesem Zusammenhang ist die Position von SMITH interessant, denn er billigt dem Menschen ausdrücklich die Fähigkeit zu altruistischem Verhalten zu: „Mag man den Menschen für noch so egoistisch halten, es liegen doch offenbar gewisse Prinzipien in seiner Natur, die ihn dazu bestimmen, an dem Schicksal anderer Anteil zu nehmen, und die ihm selbst die Glückseligkeit dieser anderen zum Bedürfnis machen, obgleich er keinen anderen Vorteil daraus zieht, als das Vergnügen, Zeuge davon zu sein.“[29]

Jedoch schreibt er auch: „Wir hegen nicht leicht gegen irgend jemand den Argwohn, daß es ihm an Egoismus fehle.“[30]

Es gibt, insbesondere im wirtschaftlichen Verkehr Situationen, in denen die Individuen kaum eine andere Möglichkeit zu agieren haben. Man denke beispielsweise an einen Unternehmer, der sich auf einem umkämpften Markt mit verkleinernden Gewinnmargen, wie die Situation sich aktuell häufig darstellt, behaupten will. Jedoch gibt es auch Situationen, in denen sich die Individuen egoistisch verhalten, obwohl sie sich theoretisch anders verhalten könnten – von einem moralischen Standpunkt aus – möglicherweise auch sollten. Dies gilt insbesondere dann, wenn sie ihr Eigeninteresse mit List verfolgen, was bei vielen wirtschaftskriminellen Handlungen gegeben ist. Sie handeln also oft opportunistisch. „Unter Opportunismus verstehe ich die Verfolgung des Eigeninteresses unter Zuhilfenahme von List. Das schließt krasse Formen ein, wie Lügen, Stehlen und Betrügen, beschränkt sich aber keineswegs auf diese. Häufig bedient sich der Opportunismus raffinierterer Formen der Täuschung. Sowohl aktive wie passive Formen und sowohl ex-ante- wie ex-post-Typen gehören dazu.“[31]

Es ist oft nicht ungewöhnlich, wenn Individuen ihr Versprechen brechen, wenn es ihnen einen Vorteil zu bringen scheint. Oder sie geben Informationen bewusst unvollständig oder unrichtig weiter, um sich bestehende Informationsasymmetrien zu Nutzen zu machen. Dies geschieht nicht nur häufig im Alltag beim Verkauf von Gebrauchtwagen oder gegenüber Versicherungen, sondern auch im Wirtschaftsleben gegenüber dem eigenen Unternehmen, wo Arbeitnehmer z. B. durch das beliebte „krankfeiern“ am Montag oder Freitag opportunistisches Verhalten zum Ausdruck bringen (vgl. KIRCHGÄSSNER (1991), S. 48).

WILLIAMSON zeigt, dass sich im Laufe der Zeit eine ganze Reihe gesellschaftlicher Institutionen zum Zweck entwickelt haben, opportunistischem Verhalten zu begegnen. So soll durch die Zivilgerichtsbarkeit ermöglicht werden, eine „korrekte“ Erfüllung eingegangener Verträge zu erzwingen. Durch die Strafgerichtsbarkeit kann das opportunistische Verhalten in bestimmten Situationen so-

[29] SMITH (1985), S. 1.
[30] SMITH (1985), S. 507.
[31] WILLIAMSON (1990), S. 54.

gar mit Strafe belegt werden (vgl. KIRCHGÄSSNER (1991), S. 48 f). Auch SMITH betonte in diesem Zusammenhang die Form der Gerechtigkeit, die neben dem Leben und der Persönlichkeit der Menschen und seinem Vermögen, die Beachtung wechselseitiger Zusagen schützt (vgl. KRÜSSELBERG (1991), S. 207 f).

Zusammenfassend kann daher festgehalten werden, dass die Annahme des Eigennutzes der Individuen zunächst eine neutrale Annahme ist und für das durchschnittliche menschliche Verhalten in vielen Situationen typisch und oft auch realistisch ist (vgl. u. a. KIRCHGÄSSNER (1991), S. 65 und RICKS (1995), S. 37). Dies gilt auch insbesondere bei normenabweichendem Verhalten und somit bei wirtschaftskriminellen Handlungen.

3.2 Der soziologische Erklärungsansatz

Im folgenden Kapitel soll dargestellt werden, wie sich die Soziologie mit dem menschlichen Verhalten und Handeln auseinandersetzt. Soziologie, verstanden als „(...) eine Wissenschaft, welche soziales Handeln deutend verstehen und dadurch in seinem Ablauf und seinen Wirkungen ursächlich erklären will.“[32] Ein „Handeln“ im soziologischen Kontext soll dabei ein menschliches Verhalten bezeichen, wobei es als bedeutungslos anzusehen ist, ob es sich um äußeres oder innerliches Tun, Unterlassen oder Dulden handelt, wenn und insofern als der oder die Handelnden mit ihm einen subjektiven Sinn verbinden (vgl. WEBER (1984), S. 19 oder WEBER (1976), S. 1).

3.2.1 Handlungsorientierungen nach MAX WEBER

WEBER erweitert den reinen Handlungsbegriff auf den Terminus des „sozialen Handelns“. Er versteht darunter ein Handeln, welches sich an vergangenem, gegenwärtigem oder künftig zu erwartendem Verhalten orientiert (vgl. WEBER (1976), S. 11). Solche Handlungsweisen können z. B. Rache für frühere Angriffe, Abwehr gegenwärtiger Angriffe oder präventive Verteidigungsmaßnahmen beinhalten. Wichtig für das Verständnis der hier dargestellten Sichtweise ist das besonders herausgestellte Element des Bezugs auf *andere*. Die „Anderen“ können als unterschiedlichste Einflüsse eingehen. Sie können sowohl „(...) Einzelne und Bekannte oder unbestimmt Viele und ganz Unbekannte sein („Geld“ z. B. bedeutet ein Tauschgut, welches der Handelnde beim Tausch deshalb annimmt, weil er sein Handeln an der Erwartung orientiert, daß sehr zahlreiche, aber unbekannte und unbestimmt viele Andere es ihrerseits künftig in Tausch zu nehmen bereit sein werden).“[33] In wirtschaftskriminellen Dimensionen ist dabei insbesondere an Korruptions- und Bestechungsdelikte zu denken.

---

[32] WEBER (1984), S. 19.
[33] WEBER (1976), S. 11.

Das soziale Handeln muss noch von den Begriffen des „gleichmäßigen Handelns mehrerer" und dem „durch das Verhalten anderer beeinflussten Handelns" abgegrenzt werden. Beim gleichmäßigen Handeln mehrerer kann folgendes Beispiel aufhellen: „Wenn auf der Straße eine Menge Menschen beim Beginn eines Regens gleichzeitig den Regenschirm aufspannen, so ist (normalerweise) das Handeln des einen nicht an dem des anderen orientiert, sondern das Handeln aller gleichartig an dem Bedürfnis nach Schutz gegen die Nässe."[34] Beim beeinflussten Verhalten ist bekannt, dass das Handeln des Einzelnen durch die bloße Tatsache, dass er sich innerhalb einer örtlich zusammengedrängten Masse befindet, stark beeinflusst wird. Bestimmte Arten des Reagierens werden durch die Tatsache, dass der Einzelne sich als Teil einer Masse fühlt, erst ermöglicht, andere erschwert. Infolgedessen kann dann ein bestimmtes Ereignis oder menschliches Verhalten Empfindungen verschiedenster Art hervorrufen, z. B. Heiterkeit, Wut, Begeisterung usw. (vgl. WEBER (1976), S. 11), welche bei Vereinzelung nicht (oder nicht so leicht) als Folge eintreten würden, ohne dass dabei zwischen dem Verhalten des Einzelnen und der Tatsache seiner Massenlage eine sinnhafte Beziehung bestände. Eine bloße Nachahmung fremden Handelns würde dann ebenfalls nicht soziales Handeln zu bezeichnen sein, wenn sie lediglich reaktiv, ohne sinnhafte Orientierung des eigenen an dem fremden Handeln erfolgt.

WEBER unterscheidet dabei 4 Typenbegriffe sozialer Handlungsorientierung (vgl. WEBER (1976), S. 12 und WEBER (1984), S. 44):

- **Traditionell**: Bestimmt durch eingelebte Gewohnheit.
- **Affektuell** (insbesondere emotional): Bestimmt durch aktuelle Affekte und Gefühlslagen.
- **Wertrational**: Bestimmt durch bewussten Glauben an den – ethischen, ästhetischen, religiösen oder wie immer sonst zu bedeutenden – unbedingten Eigenwert eines bestimmten Sinnverhaltens rein als solchen und unabhängig vom Erfolg.
- **Zweckrational**: Bestimmt durch Erwartungen des Verhaltens von Gegenständen der Außenwelt und von anderen Menschen und unter Benutzung dieser Erwartungen als „Bedingungen" oder als „Mittel" für rational, als Erfolg, erstrebte und abgewogene eigene Zwecke.

3.2.1.1 Traditionell

Das streng traditionelle Verhalten von Menschen steht, wie die oben angesprochene, rein reaktive Nachahmung, an der Grenze und oft jenseits dessen, was man als ein sinnhaft orientiertes Handeln überhaupt bezeichnen kann. Es ist häu-

[34] WEBER (1976), S. 11.

fig nur ein einfaches, in der Richtung der einmal eingelebten Einstellung ablaufendes Reagieren auf gewohnte Reize („Was bisher richtig war, ist auch weiterhin richtig"). Die Masse alles eingelebten Alltagshandelns nähert sich diesem Typus, der nicht nur als Grenzfall in die Systematik aufzunehmen ist, sondern auch deshalb, weil die Bindung an das Gewohnte in verschiedene Grade und Sinne bewusst aufrecht erhalten werden kann. In diesem Fall nähert sich dieser Typus der affektuellen Handlungsorientierung an. Die traditionelle Handlungsorientierung kann wirtschaftskriminell bewertet einen Anteil daran haben, dass Delikte als nicht existent im Unternehmen eingestuft werden. Die Gefahr von Wirtschaftskriminalität und Notwendigkeit des Handelns wird von den Verantwortlichen nicht ins Bewusstsein gerufen.

3.2.1.2 Affektuell

Das streng affektuelle Verhalten steht ebenso an der Grenze und oft auch jenseits davon. Es kann als ein hemmungsloses Reagieren auf einen außeralltäglichen Reiz gesehen werden. Eine Sublimierung ist es, wenn das affektuell bedingte Handeln als bewusste Entladung der Gefühlslage auftritt. Es befindet sich dann meist schon auf dem Wege zur Wertrationalisierung oder zur Zweckrationalisierung. Denkbar ist auch eine Mischung aus beiden.

3.2.1.3 Wertrational

Affektuelle und wertrationale Orientierung des Handelns unterscheiden sich durch bewusste Herausarbeitung der letzten Richtpunkte des Handelns und durch konsequente und planvolle Orientierung daran. Gemeinsam ist ihnen, dass „(...) für sie der Sinn des Handelns nicht in dem jenseits seiner liegenden Erfolg, sondern in dem bestimmt gearteten Handeln als solchen liegt."[35]
Affektuell handelt derjenige, der sein Bedürfnis nach aktueller Rache, aktuellem Genuss, aktueller Hingabe, aktueller kontemplativer Seligkeit oder nach Abreaktion aktueller Affekte befriedigt.

Rein wertrational handelt hingegen jener, wer ohne Rücksicht auf die vorauszusehenden Folgen handelt und im Dienst seiner Überzeugung von dem, was Pflicht, Würde, Schönheit, religiöse Weisung, Pietät oder die Wichtigkeit einer Sache, gleichviel welcher Art, ihm zu gebieten scheint. Ein wertrationales Handeln ist ein Handeln nach „Geboten" oder gemäß „Forderungen", die der Handelnde an sich gestellt glaubt (vgl. WEBER (1984), S. 45). Nur soweit sich menschliches Verhalten und Handeln an solchen Forderungen orientiert, kann von Wertrationalität gesprochen werden.

[35] WEBER (1976), S. 12 und WEBER (1984), S. 45

3.2.1.4 Zweckrational

Bei der zweckrationalen Handlungsorientierung sind durchaus Parallelen zum ökonomischen Ansatz erkennbar, nicht nur explizit durch den rationalen Zweck. Jemand handelt dann zweckrational, wenn er sein Handeln nach Zweck, Mittel und Nebenfolgen orientiert und dabei sowohl die Mittel gegen die Zwecke, wie auch die Zwecke gegen die Nebenfolgen, wie endlich auch die verschiedenen möglichen Zwecke gegeneinander rational abwägt. Eine Entscheidung zwischen den konkurrierenden und kollidierenden Zwecken und Folgen kann dabei ihrerseits wertrational orientiert sein. Dann ist das Handeln nur in seinen Mitteln zweckrational. Oder es kann der Handelnde die konkurrierenden und kollidierenden Zwecke ohne eine wertrationale Orientierung an „Geboten" und „Forderungen" einfach als gegebene subjektive Bedürfnisregungen in eine Skala ihrer von ihm bewusst abgewogenen Dringlichkeit bringen und dann sein Handeln so orientieren, dass sie in dieser Reihenfolge nach Möglichkeit befriedigt werden (das „Prinzip des Grenznutzens") (vgl. WEBER (1984), S. 45).

Die wertrationale Orientierung des Handelns kann somit zur zweckrationalen in verschiedenartigen Beziehungen stehen. Vom Standpunkt der Zweckrationalität aus betrachtet ist Wertrationalität immer, und zwar je mehr sie den Wert, an dem das Handeln orientiert wird, zum absoluten Wert steigert, desto mehr irrational, weil sie umso weniger auf die Folgen des Handelns reflektiert, je unbedingter alleine dessen Eigenwert – also Gesinnung, Schönheit, absolute Güte oder absolute Pflichtmäßigkeit – für sie in Betracht kommt. Die absolute Zweckrationalität des Handelns ist aber auch nur ein im wesentlichen konstruktiver Grenzfall. Abschließend muss noch bemerkt werden, dass Handeln, und insbesondere soziales Handeln, nur selten alleine in der einen oder der anderen Art orientiert ist. Ebenso kann diese Klassifikation von Handlungsorientierungen keine erschöpfende sein. Diese Arten von Orientierungen sind vielmehr zu verstehen als für soziologische Zwecke konstruierte, begrifflich reine Typen, denen sich das reale Verhalten und Handeln mehr oder minder annähert. WEBER verfolgte das Ziel, einen adäquaten und festen Begriffsrahmen für die soziologische Sichtweise menschlichen Verhaltens zu schaffen.

Es lassen sich aus den Werken WEBERS zusätzlich drei Typen sozialer Prozesse extrahieren, die potenzielle Chancen sozialen Handelns in sich tragen. Sie lassen sich wie folgt darstellen (vgl. WEBER (1984), S. 66 ff):

- **Kampf:** Bei WEBER verstanden als eine Art Konkurrenz der Individuen um Lebenschancen („Sozialdarwinismus").
- **Vergemeinschaftung:** Sie liegt vor, wenn die Einstellung des sozialen Handelns auf subjektiv gefühlter Zusammengehörigkeit der Beteiligten beruht. Dies gilt bei affektuellem und traditionellem Verhalten.

- **Vergesellschaftung:** Sie liegt dann vor, wenn die Einstellung des sozialen Handelns auf rational motiviertem Interessenausgleich oder auf ebenso motivierter Interessenverbindung beruht. Vergesellschaftung kann typischerweise insbesondere auf rationaler Vereinbarung durch gegenseitige Zusage beruhen. Das vergesellschaftete Handeln im Rationalitätsfall orientiert sich
  1.) wertrational an dem Glauben an die eigene Verbindlichkeit,
  2.) zweckrational an der Erwartung der Loyalität des Partners.

Die Darstellung und Klassifikation menschlichen Verhaltens aus soziologischer Sicht kann als grundlegende Festlegung eines Begriffsrahmens für die soziologische Sichtweise gesehen werden.

Für die Evaluation von Wirtschaftskriminalität ist aber das Verhalten und dessen Klassifikation nur ein Teil der Gesamtbetrachtung. Um wirtschaftskriminelles Verhalten aus soziologischer Sicht betrachten und verstehen zu können, muss der Fokus zusätzlich auf das Verhalten abweichend von Normen gelegt werden.

3.2.2 Soziologische Theorien abweichenden Verhaltens

Die Soziologie setzt sich schon länger mit der Problematik auseinander, welche versucht, abweichendes Verhalten zu erklären. Deshalb existieren dazu auch umfangreiche Theorien. Diese liefern zahlreiche Erklärungsansätze für Devianz, beziehen sich aber dabei nur selten spezifisch auf den Gegenstand der Wirtschaftskriminalität. Die Brauchbarkeit dieser Theorien zur Erklärung der Wirtschaftskriminalität ist daher sehr unterschiedlich. Deshalb sollen hier nur vier Ansätze dargestellt werden, die eine sinnvolle Adaption zulassen und dabei Erklärungsansätze für die Ursachen von Wirtschaftskriminalität liefern. Vor allem zu erwähnen sind dabei die Anomietheorie, die Subkulturtheorie sowie der Labeling Approach – ergänzt durch Ansätze der Risikosoziologie.

3.2.2.1 Die Anomietheorie

Adaptiert man die Anomietheorie, die 1893 vom französischen Soziologen EMILE DURKHEIM begründet (vgl. DURKHEIM 1893) und u. a. von ROBERT K. MERTON weiterentwickelt wurde, auf die Wirtschaftskriminalität, so sind zwei Bedingungen für deren Auftreten verantwortlich (vgl. u. a. LÖW (2002), S. 35; BRELAND (1975), S. 53):

- die kulturell definierten Ziele, die jemand verfolgt und
- die legitimen Normen, d. h. die in der Gesellschaft geltenden Vorstellungen darüber, wie diese Ziele erreicht werden sollen.

Ob sich jemand in Wirtschaftsleben abweichend verhält oder nicht, hängt somit davon ab, zu welchem Grad er bestimmte Ziele im Rahmen legitimer Normen realisieren möchte. Wenn jemand z. B. das Erzielen von Gewinnen als höchste Priorität ansetzt, ist die Intensität dieses Ziels dementsprechend hoch. Demgegenüber ist die Motivation, sich dabei an die gegebenen Normen und Regeln zu halten, sehr gering ausgeprägt. Die Folge ist unter Umständen die wirtschaftskriminelle Handlung. Diese tritt ein, wenn die illegitimen Möglichkeiten zur Erreichung des Ziels als wesentlich erfolgsversprechender angesehen wurden als die legitimen. Abbildung 4 visualisiert die Ursachen der Wirtschaftskriminalität im Sinne der Anomietheorie.

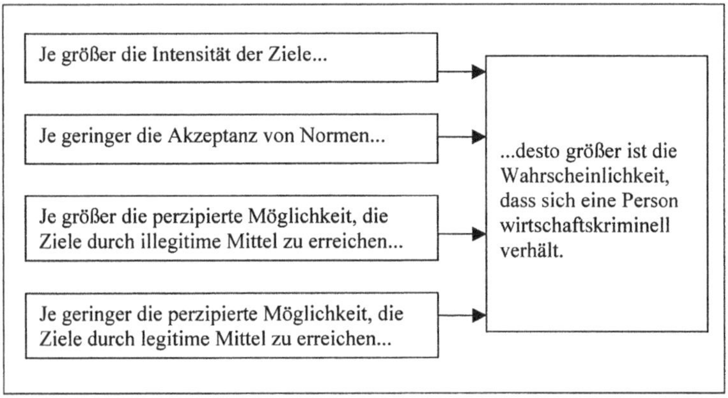

Abb. 4: Erklärung der Wirtschaftskriminalität anhand der Anomietheorie

Quelle: Eigene Darstellung; in ähnlicher Form vgl. LÖW (2002), S. 36.

3.2.2.2 Die Subkulturtheorie

Die Subkulturtheorie geht davon aus, dass in größeren, komplexen sozialen Gebilden (z. B. Gesellschaften oder auch Unternehmen im Sinne dieser Arbeit) bestimmte grundlegende Werte, Normen und Symbole nicht für alle Mitglieder (oder Mitarbeiter) dieselbe Bedeutung haben (vgl. Lamnek (1996), S. 146 ff). Es bilden sich daraus Subsysteme, deren Normvorstellungen von jenen des übergeordneten Systems stark abweichen können. Aus der Sicht des Subsystems können daher bestimmte Verhaltensweisen als konform gelten, obwohl das übergeordnete System sie als abweichend beurteilt. Die Subkulturtheorie vermag auch anschaulich zu erklären, warum viele Wirtschaftskriminelle ein außergewöhnlich geringes Unrechtsbewusstsein an den Tag legen: Aus der Sicht ihres Normen- und Werteverständnisses haben sie kein Unrecht begangen, so dass die Aktion als legitim bzw. normal gesehen wird.

3.2.2.3 Theorie des Labeling Approaches und die Risikosoziologie

Bei der Theorie des Labeling Approaches existiert abweichendes Verhalten im Wirtschaftsleben nicht per se, sondern wird erst durch Zuschreibungsprozesse konstituiert (vgl. MÜLLER (1993), S. 223 ff). Dies bedeutet eine Umkehr zu den vorangehenden Ansätzen. Die ätiologische Ausrichtung im Sinne von Ursache-Wirkungs-Relationen wird zu Gunsten einer Fokussierung auf die gesellschaftliche Reaktion verlassen. Wirtschaftskriminelles Verhalten ist jenes Verhalten, welches von der Gesellschaft als solches etikettiert wird. Diese Zuschreibung erfolgt entweder gruppen-, situations- oder personenspezifisch, also selektiv. Dadurch ist es erklärbar, dass gleiche Verhaltensweisen sowohl als abweichend als auch konform definiert werden können. Dies ist insbesondere dann denkbar, wenn unterschiedliche Instanzen (formelle und informelle) ein Urteil abgeben. Es wird damit auch erklärbar, wenn jemand durch ein Gericht (formelle Instanz) aufgrund wirtschaftskrimineller Handlungen verurteilt wird, jedoch ein Teil der Presse (informelle Instanz) das Potenzial eines Helden erkennen will (vgl. auch LÖW (2002), S. 37).

Die unterschiedliche Beurteilung eines Risikos durch verschiedene Gruppen wird auch in der Risikosoziologie thematisiert. HALLER beschränkt sich in diesem Zusammenhang jedoch nicht auf die Feststellung dieser Tatsache. Er fragt vielmehr nach den Ursachen, warum beispielsweise die Umweltverschmutzung, die Gen- oder die Atomtechnologie durch das Recht, die Medien, die Wirtschaft und andere gesellschaftliche Subsysteme unterschiedlich beurteilt werden. In seiner Forschung zum Risiko-Dialog zeigt er auf, dass sich soziale Subsysteme durch eine funktionale Differenzierung zunehmend voneinander abgrenzen. Dabei entwickelt jedes System in seiner Isolation eine eigene Systemlogik, d. h. systemeigene typische Muster, Strukturen, Informationsverarbeitungsprozesse und Leitdifferenzen. Vor dem Hintergrund dieser Systemlogik konstruieren gesellschaftliche Systeme ihre eigene Realität. In diesen konstruierten Realitäten werden gesellschaftliche Risikothemen und damit auch die Wirtschaftkriminalität zwangsläufig unterschiedlich beurteilt (vgl. HALLER u. a. (1996), S. 16 ff).

Zusammenfassend kann hier festgehalten werden, dass die Wirtschaftskriminalität nach der Anomie- und Subkulturtheorie als eine Verhaltensform angesehen werden kann, die durch prinzipiell veränderbare soziale Bedingungen verursacht wird. Die Verhaltensweise des Wirtschaftskriminellen ist eine Folge bestimmter sozialer Tatbestände. Anders verhält es sich im Falle der alternativen Betrachtung des Labeling Approaches, der umgekehrt vorgeht: Ein Verhalten wird erst durch gesellschaftliche Etikettierung (formell und informell) zu wirtschaftskriminellem Verhalten. Diese Auffassung deckt sich mit dem risikosoziologischen Ansatz von HALLER, wonach Risiken aufgrund unterschiedlicher Systemlogiken bzw. normativer Strukturen gesellschaftlicher Subsysteme konstruiert werden (vgl. HALLER u. a. (1996), S. 29 ff).

3.3 Der psychologische Erklärungsansatz

Psychologie, bei RUCH & ZIMBARDO verstanden als „Wissenschaft vom Verhalten der Lebewesen“[36], versucht, jenes Verhalten verstehen und erklären zu können. HEBB seinerseits sieht die Psychologie als Wissenschaft, welche sich mit den komplexen Organisationsformen des Verhaltens beschäftigt (vgl. HEBB (1973), S. 11 f). Im Handbuch der Psychologie findet sich dagegen, dass „der erlebende und sich verhaltende Mensch (...) in der allgemeinen Psychologie das Thema (...) (und) das sehr ferne Ziel der allgemeinen psychologischen Forschung (...) die umfassende Theorie des Erlebens und Verhaltens (ist).“[37]

Alle genannten Definitionen des Begriffs „Psychologie“ enthalten den Terminus „Verhalten“, so dass schnell deutlich wird, dass das Verhalten einen zentralen Punkt im Gesamtbereich der Psychologie markiert.
Auch wenn in der Literatur verschiedenste Bestimmungen des Verhaltensbegriffs anzutreffen sind, so kann, ganz allgemein ausgedrückt, mit Verhalten die Gesamtheit der Lebensäußerungen eines Organismus bezeichnet werden (vgl. REXILIUS (1981), S. 1160). WOLMAN hingegen differenziert etwas weiter und sieht das Verhalten als „die Gesamtheit intra- und extraorganischer Aktionen und Interaktionen eines Organismus mit seinem physikalischen und sozialen Umfeld.“[38]
Wenn nun menschliches Verhalten und Handeln zentraler Gegenstand der Psychologie ist, stellt sich aber die Frage nach der Besonderheit menschlichen Verhaltens im Vergleich zum Verhalten anderer Organismen. So findet sich in der Literatur die Auffassung, dass beim Menschen zwischen äußerem (overt) und innerem (covert) Verhalten unterschieden werden müsse (vgl. u. a. WOLMAN (1973), S. 41; HUBER & BIRBAUMER (1977), S. 514; CLAUS u. a. (1976), S. 599). Mit äußerem Verhalten soll dabei alles direkt sichtbare Verhalten gemeint sein, was von Muskelzuckung bis hin zu Tätigkeiten und Handlungen (wie z. B. Sprechen) reichen kann. Das innere Verhalten hingegen bezeichnet z. B. Erlebensvorgänge, Gefühle, Denken und Willensregungen (vgl. REXILIUS (1981), S. 1160).

Noch etwas undurchsichtiger und komplizierter wurde die Bewertung von Verhalten mit dem in Abgrenzung zur so genannten Introspektions- oder Bewusst-

[36] RUCH & ZIMBARDO (1975), S. 24.
[37] BERGIUS (1964), S. 3.
[38] WOLMAN (1973), S. 41.

seinspsychologie, d. h. „des in sich Hineinschauens“[39], entstandene Behaviorismus. Der Behaviorismus lehnte die Vorgehensweise und den Gegenstand der Introspektions- und Bewusstseinspsychologie, die auch Bewusstseinsvorgänge zum Gegenstand von Untersuchungen machte, ab (vgl. REXILIUS (1981), S. 1161).

„Die Anhänger der Introspektionstheorie, die das Psychische in die innere Welt des Bewußtseins einschlossen, trennten es von der Tätigkeit. Die Behavioristen übernahmen als angeblich unbestreitbare Wahrheit diese Auseinanderreißung von Bewußtsein und Tätigkeit, von Innerem und Äußerem. Nur auf dieser Grundlage konnte die Aufgabenstellung erwachsen: an Stelle der Erforschung des Bewußtseins, getrennt vom Verhalten, das Verhalten getrennt vom Bewußtsein zu untersuchen.“[40]

In der Wirtschaftstheorie wird meist ein direkter Zusammenhang zwischen einer auslösenden Bedingung (bezeichnet als Reiz oder Stimulus) und dem Verhalten (Reaktion) von Wirtschaftsteilnehmern unterstellt. Steigt z. B. der Zins für festverzinsliche Wertpapiere, so wird die Nachfrage, wegen steigender Gewinnaussichten, für solche Papiere ebenfalls steigen (vgl. WISWEDE (1996), S. 18).

REXILIUS beschreibt diesen Zusammenhang, etwas allgemeiner formuliert, insbesondere im Bezug auf die experimentelle Psychologie, bei der Verhalten als Funktion gegenwärtig wirksamer, aber auch vergangener, durch Lernprozesse verarbeiteter, Reize, als abhängige Variable in einer funktionalen Beziehung, aufgefasst wird (vgl. REXILIUS (1981), S. 1161).

„Wenn S (Umweltreiz) verändert wird und R (Reaktion bzw. eine bestimmte Verhaltensweise) kovariiert, so ist S die unabhängige Veränderliche (Variable), R die – von der Veränderung von S – abhängige Variable; zwischen S und R besteht eine funktionale Beziehung, bzw. – anders ausgedrückt – eine Wenn-Dann-Beziehung. Wenn S so oder so verändert wird, dann wird R so oder so kovariieren.“[41]

Die auslösende Bedingung (S), bei WISWENDE als Stimulus und bei REXILIUS als Umweltreiz oder unabhängige Variable bezeichnet, und die daraus folgende Reaktion (R), bezeichnet als Response oder abhängige Variable, können als einfaches Reiz-Reaktions-Schema wie folgt dargestellt werden (vgl. auch WISWENDE (1996), S. 19):

---

[39] REXILIUS (1981), S .1161.
[40] RUBINSTEIN (1962), S . 89.
[41] REXILIUS (1981), S. 1161.

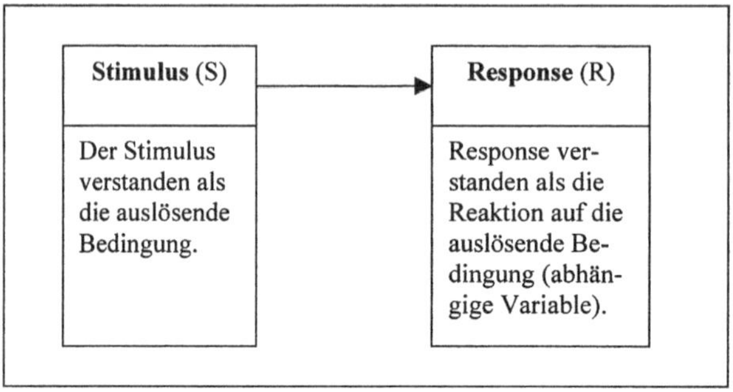

Abb. 5: Funktionsweise des einfachen Reiz-Reaktions-Schemas

Quelle: Eigene Darstellung.

Das bereits erwähnte Ziel der Psychologie, menschliches Verhalten und Handeln verstehen und erklären zu können, kann nun also als Aufgabe formuliert werden, alle Beziehungen zwischen S und R zu erforschen und aufzudecken. „Dabei ist eine funktionale Beziehung dann richtig erfaßt, wenn durch entsprechende Setzung von S das Auftreten eines gewünschten Verhaltens sichergestellt werden kann.“[42]

Für die Evaluation von Wirtschaftskriminalität ist es nun besonders wichtig, das erklärte Verhalten auch kontrollierbar zu machen. Bei RUCH & ZIMBARDO ist die Fähigkeit, Verhalten zu kontrollieren, die beste Möglichkeit, zu überprüfen, ob dieses Verhalten auch tatsächlich verstanden wurde (vgl. RUCH & ZIMBARDO (1975), S. 28). SKINNER spricht von „ (...) in Erfahrung bringen, warum Menschen tun, was sie tun. Jede Bedingung oder jedes Ereignis mit nachgewiesener Wirkung auf Verhalten muß in Betracht gezogen werden. Durch das Aufdecken solcher Ursachen (...) können wir Verhalten vorhersagen; in dem Maße in dem wir es manipulieren können, können wir Verhalten kontrollieren.“[43]
REXILIUS spricht in diesem Zusammenhang von Kontrolle als Synonym für Verständnis, wobei sich wissenschaftliches Bemühen als Suche nach Bedingungen zur Herstellung beliebigen Verhaltens entpuppt (vgl. REXILIUS (1981), S. 1162).
Jedoch darf folgender Umstand nicht außer Acht gelassen werden: „Trotz gegenteiliger Beteuerung (z. B. RUCH & ZIMBARDO 1975) ist nicht die Kontrolle über eigenes Verhalten, die freie Herrschaft des Handelnden über sein Tun gemeint, sondern – im weitesten Sinne – Kontrolle durch andere (...).“[44]

[42] REXILIUS (1981), S. 1161.
[43] SKINNER (1960), S. 23.
[44] REXILIUS (1981), S. 1162.

Oft wird in der wissenschaftlichen Literatur, bei der Führung von Mitarbeitern, das Spannungsfeld zwischen Vertrauen und Kontrolle und Überwachung kontrovers diskutiert (vgl. z. B. ROTH (1994) S. 125 ff). Diese Überlegungen können auch für die Bewertung von Wirtschaftskriminalität und deren Ursachen bzw. Bekämpfungsstrategien angebracht sein. Dies soll jedoch zu einem späteren Zeitpunkt erörtert werden.

Mit der Aussage, wonach Verhalten als Funktion der Umweltreize verstanden werden soll, wird vermieden, etwas über die innere Beziehung zwischen dem sich verhaltenden Menschen in seinem Verhalten zur Umwelt darzulegen, über die dem konstatierten funktionalen Zusammenhang zwischen S und R zugrunde liegenden, den Zusammenhang verursachenden Bedingungen. Also darüber, wie nun die Wirkung von S und R aufeinander tatsächlich zustande kommt, wird, zum Teil bewusst, keine Aussage getroffen (vgl. REXILIUS (1981), S. 1162).

„Nun ist es aber für menschliches Verhalten wesentlich, daß es bewußtes Verhalten ist. Anders ausgedrückt: Der Mensch ist sich seiner Beziehung zur Umwelt bewußt. Er macht sich Gedanken darüber, wie er (...) seine Tätigkeit gestaltet, damit eine bestimmt Wirkung erreicht wird, d. h. er macht sich Gedanken über sein Verhältnis zur Umwelt. Er fragt sich beispielsweise, wieso bestimmte vorgefundene Umweltgegebenheiten da sind, ob sie notwendig da sind, ob sie seinen Interessen entsprechen, ob er sie verändern will, was er beachten muß, um die Veränderung zu vollziehen usw. Er probiert das praktisch aus und verschafft sich dadurch Erkenntnis von Umwelt und ihren Gesetzmäßigkeiten usw. Mit anderen Worten: Der bewußt handelnde Mensch ist aktiver Teil der Beziehung, steuert sie mit.“[45]
Wird nun das einfache Reiz-Reaktions-Schema in der Betrachtung von wirtschaftskriminellem Verhalten unterstellt, wird deutlich, dass bei der Kenntnis des Stimulus (S) noch keine eindeutige Aussage über die Reaktion (R) getroffen werden kann, sondern dass psychische Prozesse im Innern unseres Organismus einzubeziehen sind. Es wird somit ein vermittelndes Zwischenglied notwendig, welches als „organismische Variable (O)“ bezeichnet werden soll, was Abbildung 6 ableiten lässt (vgl. auch WISWENDE (1996), S. 20).

Die organismische Variable beschreibt dabei insbesondere zwei Gruppen von Variablen:

- **Emotiver Bereich:** Affekte, Stimmungen, Gefühle, Bedürfnisse;
- **Kognitiver Bereich:** Wahrnehmungs- und Denkprozesse, Zuschreibungen, Einstellungen, Erfahrungen, Wissen, Glaubensinhalte, verinnerlichte Normen usw. (vgl. WISWENDE (1996), S. 20).

[45] REXILIUS (1981), S. 1162.

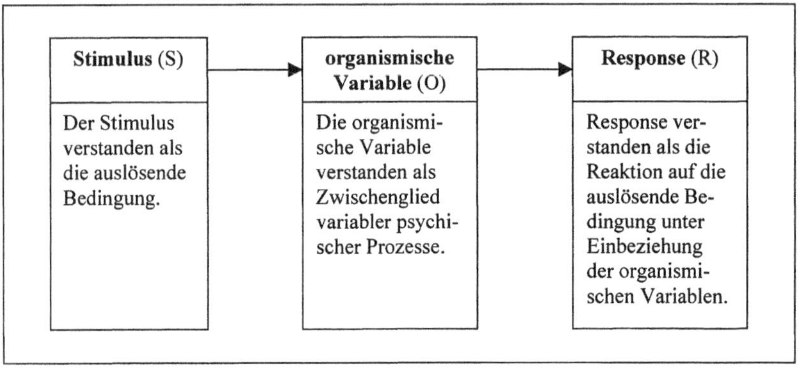

Abb. 6: Funktionsweise des einfachen Reiz-Reaktions-Schemas unter Einbeziehung der organismischen Variablen

Quelle: Eigene Darstellung.

Um z. B. Aktivierung oder Ärger von u. a. Einstellungen, Erwartungen oder Vorurteilen trennen und für die Evaluation menschlichen Verhaltens bei wirtschaftskriminellen Handlungen nutzbar und verständlich machen zu können, muss die organismische Variable in zwei Positionen aufgeteilt werden: Emotionen (E) und Kognitionen (K).

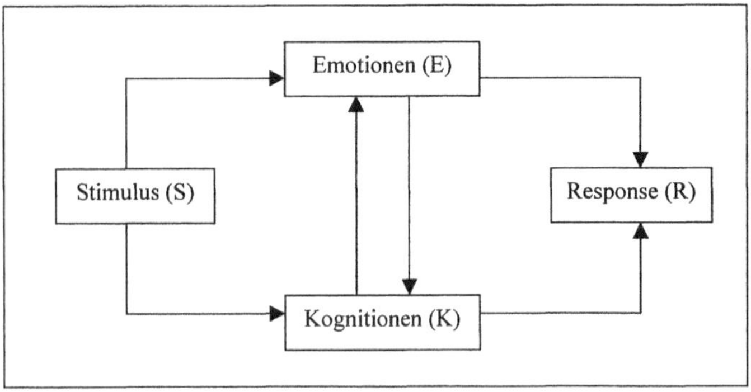

Abb. 7: Funktionsweise des einfachen Reiz-Reaktions-Schemas bei Differenzierung nach Emotionen und Kognitionen

Quelle: Eigene Darstellung.

Wird nun unterstellt, dass zwischen diesen beiden Positionen Austauschprozesse stattfinden, kann das Modell, wie in Abbildung 7 dargestellt, erweitert werden (vgl. auch WISWENDE (1996), S. 20).

Die organismische Variable kann also als vermittelnder Prozess (bestehend aus Emotionen und Kognitionen) eine auf einen Stimulus folgende Reaktionen erklärbar machen. WISWENDE fasst diese Prozesskette wie folgt zusammen:

S	——→ O	——→	R
Stimuli	Emotionen	Kognitionen	Responses
z. B. Modellperson Werbespot Verpackung Sparvertrag Preis Kaufobjekt Palmenstrand usw.	z. B. Aktivierung Sympathie Vertrauen Lust/Unlust Ärger Erregung Stimmung usw.	z. B. Einstellungen Erwartungen Zuordnungen Denken Wissen Vorurteile Absichten usw.	z. B. Kaufen Sparen Beschweren Zögern Vermeiden Schimpfen Loben usw.

Abb. 8: Die organismische Variable als vermittelnder Prozess zwischen Stimulus und Reaktion

Quelle: Vgl. WISWENDE (1996), S. 21.

Um die oben dargestellte Prozesskette auf wirtschaftskriminelles Verhalten und Handeln übertragen zu können, sind noch einige Vorüberlegungen notwendig, welche die Bedürfnisse von Menschen in Organisationen beleuchten. Es soll gezeigt werden, welche Bedürfnisstrukturen im betrieblichen Alltag auf die Mitarbeiter einwirken.

3.3.1 Bedürfnisse, Motivation und Motive

Auch wenn die drei „Bausteine" – Bedürfnisse, Motivation, Motive – in diesem Abschnitt zusammengefasst sind, soll klar gestellt werden, dass es sich um unterschiedlichste Sachverhalte handelt, die unabhängig von einander betrachtet werden können. Jedoch ergeben sich aus deren Interdependenz interessante Einblicke auch bei der Bewertung von zu Wirtschaftskriminalität führendem Verhalten.

Da die Menschen mit dem Unternehmen und ihrer Arbeit besondere Erwartungen verknüpfen und Anforderungen an ihre Aufgaben stellen, ist es besonders wichtig, auf die Bedürfnisse der Menschen im Betrieb und deren Motivation einzugehen. Bedürfnisse und Motivationen sind so vielfältig wie die Individuen selbst, so dass eine Einteilung in Gruppen nötig wird, um einen besseren Überblick zu erhalten.

So sollen die Bedürfnisse in drei grob gehaltene Kategorien eingeteilt werden (vgl. auch WEINERT (1992), S. 28 f):

- Physiologische Bedürfnisse und Sicherheitsbedürfnisse
- Soziale Bedürfnisse
- Egoistische Bedürfnisse oder Eigennutzbedürfnisse

Nachfolgend werden die drei Bedürfniskategorien kurz dargestellt und deren Bedeutung für menschliches Verhalten erläutert.

3.3.1.1 Physiologische Bedürfnisse und Sicherheitsbedürfnisse

Die physiologischen Bedürfnisse können als Existenzbedürfnisse gesehen werden. Sie sind Träger von Existenzen und die Mindestanforderung an im betrieblichen Alltag agierenden Menschen. Zu den physiologischen Bedürfnissen und den Sicherheitsbedürfnissen gehören nach WEINERT insbesondere (vgl. WEINERT (1992), S. 29):

1.) Entlohnung (durch die die physiologischen Bedürfnisse befriedigt werden können)
2.) Sicherheit des Arbeitsplatzes
3.) Erwartung, von Zeit zu Zeit befördert zu werden

Das Bedürfnis, seinen Lebensunterhalt zu verdienen, ist wohl ein wesentlicher Grund, warum Menschen einer Arbeit nachgehen. SCHULER & BRANDSTÄTTER stellen heraus, dass der Arbeit eine Grundfunktion bei der Sicherung des Lebensunterhalts zukommt (vgl. SCHULER & BRANDSTÄTTER (1993), S. 136). Wobei auch nicht vergessen werden darf, dass nicht-monetäre Anreize einen ebenfalls hohen Stellenwert dabei haben können. Geld befriedigt eine ganze Reihe von Bedürfnissen und kann somit auch die Angst vor Existenzverlusten mindern. Das für geleistete Arbeit erhaltene Einkommen kann aber auch als „(...) Maß für erbrachte Leistung und für persönliche Tüchtigkeit im Beruf (...)“[46] angesehen werden. Für die Wirtschafskriminalität können hier Ansatzpunkte liegen, wenn z. B. die vom Mitarbeiter („gefühlte“) eigene Leistung nicht mit dem vom Unternehmen gezahlten Gehalt übereinstimmt. Die Divergenz kann Grundlage wirtschaftskrimineller Handlungen sein. HERZBERG spricht im Zusammenhang mit den Faktoren der Arbeit von so genannten „Motivations-

[46] WEINERT (1992), S. 29.

bedürfnissen“ und „Hygienebedürfnissen“ oder oft auch bezeichnet als „Motivatoren“ und „Hygienefaktoren“. Zum Modell der Zwei-Faktoren-Hypothese vgl. Kapitel 3.3.2.1.

Neben der Entlohnung kann auch die Sicherheit des Arbeitsplatzes angeführt werden. Dieser Punkt ist leider von aktueller Traurigkeit beim Stand von ca. 4,5 Millionen Erwerbslosen in Deutschland und weiter zu erwartenden Stellenkürzungen. Für WEINERT gehört die Sicherheit des Arbeitsplatzes „zu den fundamentalen menschlichen Bedürfnissen in Organisationen.“[47] Der Faktor Arbeit wird für viele Menschen zunehmend wichtiger als die Entlohnung oder Beförderung an sich. Insbesondere bei älteren Menschen kann ein Verlust des Arbeitsplatzes verheerende Folgen haben.

Der Wunsch, sich beruflich weiterentwickeln zu können und die Erwartung, von Zeit zu Zeit befördert zu werden, ist in vielen arbeitenden Menschen fest verankert. Die Organisationspsychologie hat in diesem Zusammenhang einschränkend feststellen können, dass dieser Wunsch nicht in allen Menschen gleich stark verwurzelt und entwickelt ist, da dieser Wille in sehr starkem Maße von der individuellen Persönlichkeit, von der Erziehung und von den Wertvorstellungen des Bevölkerungssegments abhängig ist, in dem der einzelne aufgewachsen ist (vgl. u. a. KORNHAUSER 1965). Mit dem beruflichen Aufstieg sind meist nicht nur höhere finanzielle Entlohnungen wahrscheinlich, sondern auch das Gefühl höherer Sicherheit, verbunden mit einem höheren Status und steigender Anerkennung von Seiten der Freunde und Kollegen. Darüber hinaus bringt der berufliche Aufstieg oft auch eine Veränderung des Arbeitsbereichs mit sich, in dem neue Aufgaben und größere Verantwortlichkeiten übertragen werden.

3.3.1.2 Soziale Bedürfnisse

Der Arbeitsplatz eines Individuums kann in sehr vielschichtiger Weise zur Befriedigung der sozialen Bedürfnisse von Menschen beitragen. Dieser Gedanke ist vor allem für diejenigen Menschen wichtig, die ein nicht zufrieden stellendes Familien- oder Privatleben haben. Oft wird so am Arbeitsplatz eine gewisse Kompensation für die im Privatleben nicht befriedigten Bedürfnisse gesucht. Daneben kann der Arbeitsplatz dem einzelnen Menschen die Möglichkeit geben, Können und Initiative zu zeigen, Freundschaften zu schließen, Interessen und Ziele mit anderen zu teilen, mit ihnen an gemeinsamen Aufgaben zu arbeiten und schließlich, sich mit Gruppen zu identifizieren (vgl. WEINERT (1992), S. 30).

---

[47] WEINERT (1992), S. 29.

3.3.1.3 Egoistische Bedürfnisse

Die Kategorie der egoistischen Bedürfnisse ist mit dem Bedürfnis nach Leistung, Erfolg und/oder dem eigenen Beitrag zum Unternehmensergebnis charakterisierbar. Es ergeben sich jedoch insofern Schwierigkeiten, als das die Begriffe „Leistung“ und „Erfolg“ von den verschiedenen der Unternehmung angehörenden Individuen verschieden interpretiert werden (vgl. WEINERT (1992), S. 30). Es erscheint daher sinnvoll, unterschiedliche Dimensionen dieser Begriffe näher zu erläutern.

In folgende drei Punkte soll dabei unterteilt werden:

1.) Subjektive Wichtigkeit der geleisteten Arbeit
2.) Individuelles Streben nach Autonomie
3.) Bedürfnis nach Information

Mit der subjektiven Wichtigkeit der geleisteten Arbeit stehen z. B. Selbstwertschätzung und Prestige häufig in unmittelbarem Zusammenhang. Wenn eine Arbeit nicht konstruktiv und sinnvoll ist, ist der Frustfaktor dementsprechend hoch. Wenn die Arbeit einen Sinn erhält, bringt sie „(...) nach erfolgreichem Abschluß Zufriedenheit, Stolz und Ermutigung. Eine zufriedene Arbeitskraft ist stolz auf ihre geleistete Arbeit, und sie wird aus diesem Grund oft die Wichtigkeit der zu leistenden Aufgabe (...) betonen. Ganz gleich, ob es sich um die Beschäftigung eines Hausmeisters, eines Liftboys im Hotel oder um einen Professor an einer Hochschule handelt: sie alle wollen das Gefühl haben, daß ihre Arbeit und ihr Beitrag zur Organisation, zur Technik, zur Wissenschaft oder Gemeinschaft als wichtig und wesentlich erachtet wird.“[48]

Neben der Wichtigkeit der Arbeit, die man ausführt, und den dazu notwendigen fachlichen Eignungen und Fertigkeiten, sind aber noch zwei weitere Dimensionen des Bedürfnisses für beruflichen Erfolg zu nennen: das Gefühl, Fortschritte zu machen und das Gefühl, produktiv zu sein (vgl. WEINERT (1992), S. 31). Soll einer Person das Gefühl gegeben werden, dass sie etwas zu leisten im Stande ist, so ist es nicht verwunderlich, dass diese Person den Fortschritt über einen gewissen Zeitraum hin festgestellt sehen möchte. So wird es nahezu unverzichtbar für Führungskräfte, ihren Mitarbeitern regelmäßig den „aktuellen Stand“ in Feedback-Gesprächen zu erläutern, auch dann, wenn weder Belohnung noch Kritik mit der Beurteilung verbunden sind. Nur dann, wenn sich ein Mitarbeiter eigene Leistungsziele setzen kann, die er zu erreichen bestrebt ist, kann er auch das Gefühl der Leistung oder des Erfolges verbuchen.

[48] WEINERT (1992), S. 30.

Ein weiteres Bedürfnis innerhalb der egoistischen Bedürfniskategorie besteht im Streben nach Selbstständigkeit und Unabhängigkeit, schlicht, nach Autonomie. Im kleinsten Teil der Unternehmen dürfte wohl der Mitarbeiter das Gefühl haben, sein eigener Chef zu sein. Der stetig fortschreitende Prozess der Spezialisierung hat den Mitarbeitern größtenteils die Freiheit genommen, ihre Arbeit selbst und eigenverantwortlich planen und organisieren zu können.

TAYLOR, als Vater des „Scientific Management", hat dies 1911 wie folgt dargestellt:
„Jeder Mensch in einer Organisation muß lernen, seine selbst entwickelten Methoden zur Bewältigung von Aufgaben aufzugeben. Er muß lernen, seine Arbeitsweise und seine Methoden denen der Organisation anzupassen, und er muß sich daran gewöhnen, Anweisungen zu erhalten und sie zu befolgen, die alle Einzelheiten, ob klein oder groß, festlegen, Einzelheiten, die in der Vergangenheit seinem eigenen Urteil und seiner eigenen Entscheidung überlassen blieben."[49]
Das Resultat der von TAYLOR vorgeschlagenen Trennung von Hand- und Kopfarbeiten, also von ausführenden und dispositiven Tätigkeiten, besteht darin, dass dem im Unternehmen tätigen Menschen jede Möglichkeit genommen wird, sich spontan und kreativ einzubringen, um zum Gesamtergebnis positiv beitragen zu können.

Als drittes Bedürfnis in der egoistischen Bedürfniskategorie soll das Bedürfnis über Organisationsgeschehnisse und über Entscheidungen (und deren Gründe) hinreichend unterrichtet zu werden, um gegenwärtige Handlungen und Prozesse verstehen und geplante Veränderungen kalkulieren zu können, angeführt werden. So kann es für den Mitarbeiter unangenehm sein, „(...) als ein Akt der Willkür seitens des Vorgesetzten, in Entscheidungen, die auch unerwartete Veränderungen seiner Arbeitsumwelt (...) mit sich bringen (...)"[50] und die sein soziales und berufliches Umfeld in starkem Maße beeinflussen können, hineingezogen zu werden.
So gibt es wohl für den einzelnen Mitarbeiter keine größere Herausforderung an sein Sicherheitsbedürfnis, als willkürliche Handlungen und Entscheidungen Vorgesetzter und Kollegen, die seine Arbeitssphäre beeinflussen oder auch das Gefühl zu haben, von unkontrollierbaren und uneinsichtigen Kräfteverhältnissen abhängig zu sein (vgl. WEINERT (1992), S. 32).

Die Motivation soll als zweiter Teil dieses Abschnittes näher beleuchtet werden. Unter Motivation können all jene Prozesse verstanden werden, die ein Verhalten auslösen, in Gang halten, steuern, beenden und dabei organische Reaktionen hervorrufen (vgl. WUNDERER & GRUNWALD (1980), S. 169). Motivation

[49] TAYLOR 1911, zitiert nach WEINERT (1992), S. 31.
[50] WEINERT (1992), S. 32.

kann als das verstanden werden, was jemanden dazu bringt, sich genau so zu verhalten und nicht anders.
In der Motivationsforschung wird nun folglich untersucht, was Menschen ausmacht, was und wie sie etwas tun, in welcher Situation das geschieht, mit welchen Mitteln und mit welchem Ziel. Die Forschungsergebnisse sind enorm vielgestaltig. Ein wenig Klarheit kann man sich verschaffen, wenn man dem Hinweis folgt, den WUNDERER & GRUNWALD unter Berufung auf STEERS & PORTER machen (vgl. WUNDERER & GRUNWALD (1980, S. 170). Ein vereinfachtes Modell des Motivationsprozesses beinhaltet demnach folgende grundlegende Komponenten (vgl. BRÖCKERMANN (2000), S. 107 ff):

1.) **Bedürfnisse oder**, besser gesagt, **Motive:** Gemeint sind tief in uns schlummernde Verhaltens- oder Handlungsbereitschaften.
2.) **Anreize:** Umfasst alle nur erdenklichen Gegebenheiten.
3.) **Ziele:** Die Anreize beziehen sich auf Ziele. Sie sind zielgerichtet.
4.) **Verhalten oder Handlungen:** Der zielgerichtete Anreiz weckt nämlich ein oder mehrere Motive und stößt eine Handlung an, die geeignet ist, das Ziel zu verwirklichen.
5.) **Feedback**, also Rückkopplungen und Anpassungen: Nicht jeder dieser Prozesse führt dazu, dass das Ziel tatsächlich erreicht wird. Aus Erfolgen und Misserfolgen, den so genannten Frustrationen, ziehen wir Erfahrungen, die wir in eine Anpassung ummünzen (vgl. BISANI (1995), S. 650).

Demnach kann, wie HENTZE & BROSE Motivation charakterisieren, der Prozess, der als eine Abfolge von Anreizen, Motiven, Handlungen, Zielen und Anpassung zu verstehen ist, in Abbildung 9 zusammengefasst werden (vgl. HENTZE & BROSE (1990), S. 40 ff).

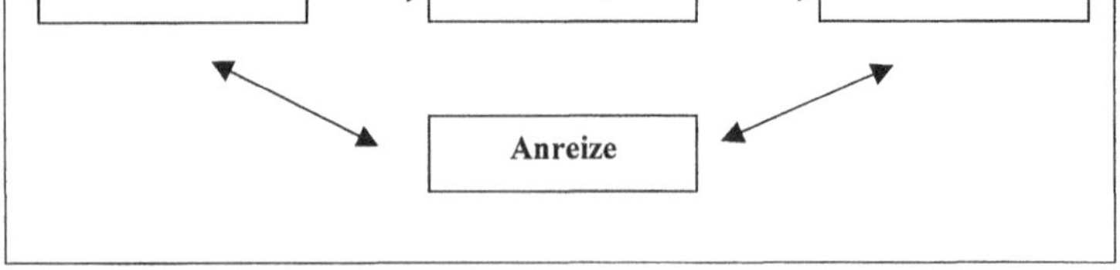

Abb. 9: Motivation als Prozess

Quelle: Vgl. BRÖCKERMANN (2000), S. 108.

3.3.2 Motivationstheorien

3.3.2.1 Modell der Bedürfnishierarchie nach MASLOW

Die von MASLOW erstmals 1954 formulierte Motivationstheorie hat sich als eine der einflussreichsten herausgestellt. Für die Bewertung von Wirtschaftskriminalität im Sinne dieser Arbeit ist nur ein kleiner Teil seiner weit umfangreicheren Lehrmeinung von Interesse. Wie bereits angesprochen sind auch die Motive, die MASOLW als Bedürfnisse bezeichnet (vgl. auch BRÖCKERMANN (2000), S. 112 ff; DRUMM (1995), S. 374 f und HENTZE u. a. (1997), S. 124 ff), wichtig für das Verständnis von Handlungen und Verhalten.

Menschen haben demnach Defizitbedürfnisse, die erfüllt werden müssen, um Mangelzustände und Störungen zu vermeiden oder zu beenden.

Folgende Defizitbedürfnisse lassen sich unterscheiden:

1.) **Physiologische Grundbedürfnisse**, etwa nach Sauerstoff, Nahrung und Getränken, sind auf die Selbsterhaltung ausgerichtet. Sie ergeben sich aus der physischen Natur des Menschen. Auf die Arbeitswelt übertragen wäre die existenzielle Versorgung angesprochen (vgl. auch die allgemeiner gehaltene Darstellung in 3.3.1.1).

2.) **Sicherheitsbedürfnisse** konzentrieren sich auf den Schutz vor Gefahren. Sie richten sich auf Geborgenheit, Ordnung und Gefahrlosigkeit. Im Berufsalltag ist damit beispielsweise ein sicherer Arbeitsplatz ohne Verletzungsrisiko gemeint.

3.) **Soziale Bedürfnisse** kennzeichnen, gerade im Arbeitsleben, den Wunsch, nach Zuwendung, Geselligkeit, Gemeinschaft, Zugehörigkeit, Freundschaft und Zuneigung.

4.) **Selbstachtungs-, Ich- oder Wertschätzungsbedürfnisse** beinhalten das Streben nach Selbstgefühl, Unabhängigkeit und Anerkennung. Im Berufsleben ist vor allem die Bestätigung eigener Leistungen und Erfolge gemeint.

MASLOW bezeichnet diese Bedürfnisse als Defizitbedürfnisse, weil sie für einen gewissen Zeitraum weitgehend befriedigt werden können und dann nicht mehr wirksam seien. Ebenfalls könne der Wunsch nach Befriedigung höherer Defizitbedürfnisse erst aufkommen, wenn das jeweils niedrigere Defizitbedürfnis im Ansatz befriedigt sei. Deshalb würden die einzelnen Klassen von Defizitbedürfnissen in der oben genannten Reihenfolge nacheinander verhaltenswirksam (vgl. BRÖCKERMANN (2001), S. 292).

Die Wachstumsbedürfnisse seien hingegen auf die Entfaltung der im Menschen liegenden Möglichkeiten ausgelegt. Als Wachstumsbedürfnisse bezeichnet MASLOW

> 5.) „die Bedürfnisse nach **Selbstverwirklichung**, also nach der Realisierung der eigenen Pläne und Vorstellungen, der Entfaltung der eigenen Anlagen und Kreativität. Im Arbeitsleben verdeutlichen sich diese Bedürfnisse als Streben nach dem Einbringen eigener Vorstellungen und Verbesserungen des Arbeitsumfeldes."[51]

MASLOW vertritt die Meinung, dass diese Wachstumsbedürfnisse erst dann das Verhalten bestimmen, wenn alle Defizitbedürfnisse als ausreichend befriedigt empfunden würden. Die Befriedigung von Wachstumsbedürfnissen führe auch nicht dazu, dass sie verhaltensunwirksam werden. Im Gegenteil, die Befriedigung der Wachstumsbedürfnisse bringe eben gerade eine verstärkte Wirksamkeit mit sich (vgl. BRÖCKERMANN (2001), S. 292).
Durch diese Klassifizierung und insbesondere die Erkenntnis, dass die Befriedigung der Bedürfnisse einer bestimmten Reihenfolge zu unterliegen scheinen, unterscheidet die Theorie von MASLOW besonders zu anderen Motivationstheorien. Bedauerlicher Weise hat sich in der Literatur eine unglückliche Darstellung dieser Theorie durchgesetzt. Man gibt die Abfolge der Bedürfnisse als Pyramide mit den Wachstumsbedürfnissen an der Spitze und den physiologischen Grundbedürfnissen an der Basis wieder. SPRENGER schreibt in diesem Zusammenhang sogar vom „(...) zur Karikatur verkürzten (...) Maslow"[52].
Mit der Darstellung als Pyramide wird der falsche Eindruck erweckt, man könne ein Bedürfnis komplett und für alle Zeit befriedigen, und die jeweils höher angesiedelten Bedürfnisse seien höherwertig, aber weniger umfangreich als die darunter stehenden. „Maslow (..) ist im Gegensatz dazu davon überzeugt, dass das Verhalten regelmäßig durch mehrere Bedürfnisse bestimmt werde, die sich überlappen. Allerdings sei dabei aktuell immer eine Bedürfnisklasse vorherrschend."[53]

Die leider etwas selten zitierte Abbildung 10 bringt den Zusammenhang zwischen den relativen Vorrangverhältnissen der Bedürfnisse und der motivationalen Entwicklung als Folge der Bedürfnisbefriedigung weitaus besser zum Ausdruck.

---

[51] BRÖCKERMANN (2001), S. 292.
[52] SPRENGER (1995), S. 43.
[53] BRÖCKERMANN (2001), S. 293.

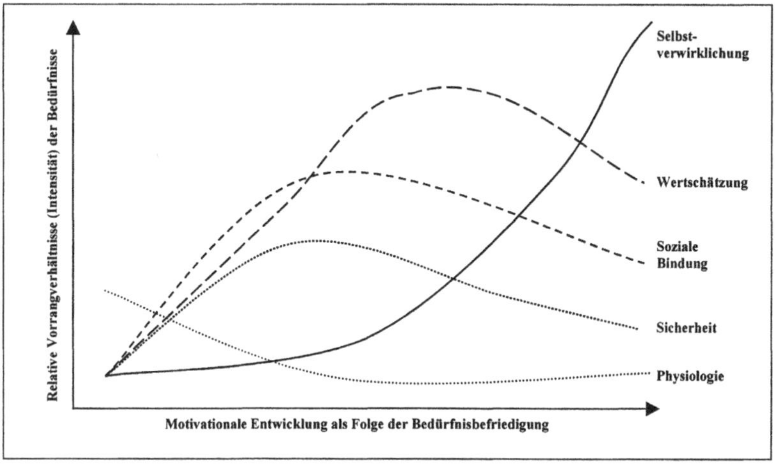

Abb. 10: Die Theorie Maslows zur Bedürfnisbefriedigung

Quelle: Vgl. u. a. BRÖCKERMANN (2000), S. 113; HENTZE u. a. (1997), S. 126.

3.3.2.2 Zwei-Faktoren-Hypothese nach HERZBERG

Bei der Untersuchung des Menschen und dessen Verbindung zu Wirtschaftskriminalität aus psychologischer Sicht ist auffallend oft die Rede von Termini wie Frust oder Unzufriedenheit als Motiv für wirtschaftskriminelle Handlungen.

HERZBERG hat sich, wie MASLOW auch, Gedanken dazu gemacht, wie Bedürfnisse und Motivation zusammenhängen. Das Modell von HERZBERG besitzt dieselbe Basis, wie sie in den Bedürfnistheorien üblich ist. Auch HERBERG nimmt an, dass alle Individuen einen bestimmten festen „Satz“ an Bedürfnissen haben, die befriedigt werden müssen. Anstatt aber wie MASLOW fünf Faktoren anzuerkennen, postuliert HERZBERG, dass alle Individuen zwei „Sätze“ haben (vgl. WEINERT (1992), S. 268):

- **Hygienebedürfnisse**
- **Motivationsbedürfnisse**

Bei seinen Studien stellte sich heraus, dass Arbeitszufriedenheit nicht als Gegenteil von Arbeitsunzufriedenheit angesehen werden kann. Es sei vielmehr so, das Arbeitszufriedenheit und Arbeitsunzufriedenheit als vollkommen verschiedenartige Erscheinungen wahrzunehmen seien. Die Forscher kamen zum Ergebnis, dass Arbeitszufriedenheit und –unzufriedenheit zwei unterschiedliche, unabhängige Dimensionen sind, wobei eine Dimension durch die Extremwerte Unzufriedenheit und Nicht-Unzufriedenheit, die andere durch Zufriedenheit und Nicht-Zufriedenheit begrenzt ist (vgl. BRÖCKERMANN (2001), S. 298).

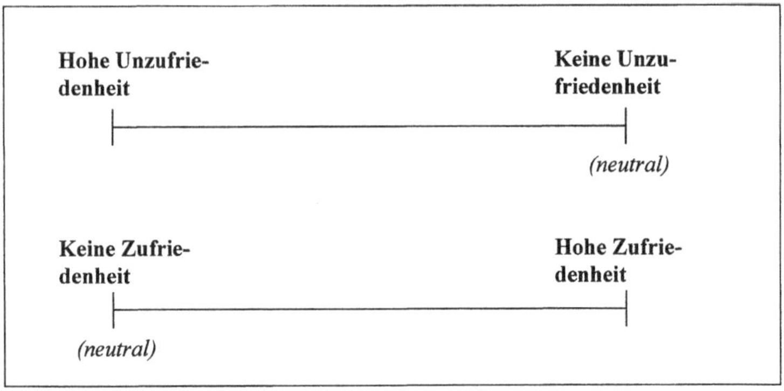

Abb. 11: Zwei-Faktoren-Hypothese nach HERZBERG

Quelle: Vgl. u. a. WEINERT (1992), S. 269.

Die Hygienebedürfnisse, in der Literatur auch als extrinsische Faktoren, Unzufriedensteller, Dissatisfiers, Maintainance-, Hygiene- oder Kontextfaktoren benannt, hängen nicht unmittelbar mit der Arbeit selbst zusammen, sondern stellen positive und negative Anreize des Arbeitsvollzuges dar. Von den Hygienebedürfnissen geht keine Motivationswirkung aus, denn in ihrer positiven Ausprägung werden sie als Selbstverständlichkeit angesehen. Liegen sie jedoch in ihrer negativen Ausprägung vor, ergibt sich Arbeitsunzufriedenheit, so wie sich bei mangelnder Hygiene Krankheiten einstellen (vgl. BRÖCKERMANN (2001), S. 299). So kann, wenn für wirtschaftskriminelle Handlungen Gründe im Bereich der Hygienebedürfnisse liegen würde, von Wirtschaftskriminalität als Krankheit des Unternehmens gesprochen werden.

Bei den Motivationsbedürfnissen, benannt auch als intrinsische Faktoren, Zufriedensteller, Satisfiers, Motivatoren oder Kontentfaktoren, handelt es sich um Anreize, die sich unmittelbar aus dem Arbeitsvollzug ergeben. Durch sie kann eine positive Wirkung, nämlich Arbeitszufriedenheit, erreicht werden. Ihre negative Ausprägung führt jedoch nicht zur Arbeitsunzufriedenheit, sondern lediglich nur zur Nicht-Arbeitszufriedenheit. Soll keine starke Arbeitsunzufriedenheit aufkommen, müssen die Kontextfaktoren für die Mitarbeiter im üblichen Maße gegeben sein, während Motivatoren als Anreize dienen, die die Arbeitszufriedenheit erhöhen.

Aus den bisherigen Erkenntnissen lässt sich ableiten, dass Bedürfnisse bei der Bewertung von Wirtschaftskriminalität wohl eine durchaus größere Rolle spielen können, insbesondere dann, wenn es Differenzen zwischen den Bedürfnissen

und deren Befriedigung gibt. Jedoch ist besonders auffällig, dass negative Aspekte bei der Theorie von MASLOW kaum auszumachen sind, obwohl sich beispielsweise die Wertschöpfungsbedürfnisse zweifellos in Neid oder Rache ausdrücken können, die dann wiederum als Grundlage für wirtschaftskriminelle Handlungen durchaus als wahrscheinlich einzuschätzen sind.
Bei HERZBERGS Zwei-Faktoren-Hypothese kann durchaus ein Zusammenhang zwischen der, allgemein ausgedrückt, Arbeitsmotivation und der Motivation zur Begehung von Wirtschaftskriminalität erkennbar sein. Plausibel würde eine Erhöhung des Risikos wirtschaftskrimineller Handlungen bei Verschlechterung der Zufriedenheit (im Extremfall bis zur vollständigen Arbeitsunzufriedenheit) dann werden, wenn die Tatbegehungsmotive aus der Arbeitssituation entstehen.

Alle bisher allgemein gehaltenen Erkenntnisse zur Psychologie des Menschen, insbesondere auch in Organisationen, müssen jetzt zum besseren Verständnis detaillierter auf den Bereich der Wirtschaftskriminalität übertragen werden.

3.4 Analyse des „Wirtschaftskriminellen“

Ähnlich der Soziologie wurden auch in der Psychologie Ansätze zur Erklärung abweichenden Verhaltens entwickelt. Die Zuordnung zur einen oder anderen Disziplin ist nicht immer ganz einfach. Können psychoanalytische Theorien unter den psychologischen subsumiert werden? Oder sind sie eher soziologischer Natur? Sind sozialpsychologische Ansätze der Psychologie oder Soziologie zugehörig? Da auch hier die Grenzen zwischen den Disziplinen fließend sind, muss jede Zuordnung letztlich willkürlich sein. Es liegt insbesondere darin begründet, dass auch psychologische Erklärungsansätze heute nicht mehr umhin kommen, soziale Faktoren zu berücksichtigen, die eine potenzielle Täterpersönlichkeit so sehr beeinflussen und formen, dass eben diese Persönlichkeit erst entstehen kann. Eine Separation nach Fachrichtungen ist daher ebenso wenig möglich wie zweck-mäßig.

Deshalb soll in diesem Abschnitt die Analyse des menschlichen Verhaltens bei wirtschaftskriminellen Handlungen ein ganzheitliches Bild zeichnen und als zentraler Gesichtspunkt in die Evaluation von Wirtschaftskriminalität eingehen. In der vorliegenden Arbeit wird wie bei HEINTZ davon ausgegangen, dass sowohl endogene als auch exogene Faktoren zur Erklärung abweichenden Verhaltens zu berücksichtigen sind (vgl. HEINTZ (1957), S. 187). Die soziologische Fokussierung soll dabei eher auf exogenen, die psychologische eher auf endogenen Aspekten liegen, wobei sich in der Realität beides vermischt und die Zuordnung lediglich den jeweiligen Schwerpunkt angibt.

Unter den psychologischen Erklärungsansätzen sind vor allem die psychoanalytischen Erklärungen abweichenden Verhaltens besonders fruchtbar. Grundlage für die kriminologische Anwendung psychoanalytischer Erkenntnisse sind die FREUDschen Theorien. Sie beziehen sich zunächst nicht auf den Bereich der Kriminalität, sondern beruhen auf einer allgemeinen Konzeption von Persönlichkeit. Das FREUDsche Persönlichkeitsmodell zeichnet eine psychologische Struktur des Menschen auf drei Ebenen (vgl. hierzu u. a. LAMNEK (1996), S. 81 ff):

- „Es“
- „Ich“
- „Über-Ich“

Aus verschiedenen konfligierenden, kooperierenden und vermittelnden Mechanismen zwischen den drei jedem Menschen innewohnenden Elementen der psychischen Struktur erklärt FREUD unterschiedliche Verbrechensarten. Dabei vermutet er die Ursache für Kriminalität in pathologischen Persönlichkeitsentwicklungen (entwicklungspsychologisch-soziologischer Ansatz). Zwar lassen sich nicht alle Verbrechen psychoanalytisch erklären. Sind sie jedoch psychoanalytisch beurteilbar, so lassen sie sich auf psychopathologische und neurotische Entwicklungen zurückführen (vgl. u. a. REIWALD (1973), S. 12).

Andere psychologische Schulen legen den Schwerpunkt weniger auf die (stark von der Umwelt beeinflusste) Entwicklung, als vielmehr auf die Anlage. Dabei wird versucht, empirisch feststellbare Persönlichkeitsmerkmale als für Delinquente spezifisch herauszufinden. SCHUESSLER & CRESSEY stellten allerdings bei der Überprüfung von 113 Studien fest, dass die Hypothese einer Korrelation von Kriminalität und Persönlichkeitsfaktoren nicht haltbar ist (vgl. SCHUESSLER & CRESSEY (1950), S. 482).

Psychologischen Theorien ist generell gemein, dass sie abweichendes Verhalten oder kriminelles Verhalten auf Persönlichkeitsstrukturen zurückführen und insoweit individualistisch-täterorientiert sind. Da solche Persönlichkeitsstrukturen jedoch nicht nur endogene Ursachen haben, liefern psychologische Theorien nur ein begrenztes Erklärungspotenzial, d. h. sie vermögen keine allgemein gültige Erklärung für jede Form der Kriminalität zu geben. Gleichwohl sind sie jedoch für das Verstehen bestimmter Aspekte der Kriminalität unabdingbar. Die folgenden Ausführungen zur Täter- und Opferpsychologie bzw. zur Täter-Opfer-Interaktion werden zeigen, dass dies insbesondere für die Wirtschaftskriminalität zutrifft und die Resultate von größter Relevanz für die Einschätzung von Risikopotenzial wirtschaftskrimineller Handlungen sind.
Aus diesem Grund ist es nicht sinnvoll, an dieser Stelle sämtliche psychologische Theorien erschöpfend zu diskutieren. Stattdessen werden – was für die Pra-

xis deutlich relevanter ist – im Folgenden gezielt jene Aspekte herangezogen, die sich mit Blick auf den Umgang mit Risiko als besonders fruchtbar und gewichtig erwiesen haben.

3.4.1 Täterpsychologie

Der ursprünglich aus der Rechtswissenschaft stammende, etwas hart anmutende, Terminus „Täter" wird oft auch in der psychologischen Sichtweise verwendet. Die strafrechtliche Behandlung soll aber damit zwangsläufig als einbezogen gelten.
Als Täter im Sinne dieser Arbeit soll jeder gelten, der eine wirtschaftskriminelle Handlung, die im folgenden auch „Tat" genannt wird, begeht. Entscheidend ist dabei nicht, wie schwerwiegend die Tat oder die daraus entstandenen oder entstehenden Schäden sind. Eine Risikoklassifikation ist an dieser Stelle noch nicht vorzunehmen.

Um die psychologischen Vorgänge, die sich vor, während und nach einer Tat abspielen, systematisch zu untersuchen, ist zunächst ein Bezugsrahmen zu definieren (vgl. 3.4.1.1). Auf dieser Basis können anschließend die zentralen Komponenten der Täterpsychologie besprochen werden.

3.4.1.1 Der Täter im Mittelpunkt des Fraud Triangle

Aus psychologischer Sicht bestimmen drei Faktoren die Handlung des Wirtschaftskriminellen (vgl. ALBRECHT u. a. (1994), S. 29):

- (Subjektives) **Motiv**
- (Perzipierte) **Gelegenheit**
- (Fähigkeit zur) **Rationalisierung**

Typischerweise wird eine wirtschaftskriminelle Handlung, insbesondere bei schwerwiegenderen Taten, durch eine finanzielle Motivation initiiert. Hierbei soll aber darauf hingewiesen werden, dass die Motivation zu Begehung wirtschaftskrimineller Handlungen nicht der beschriebenen (Arbeits-) Motivation in 3.3.1 gleichsteht. Die Arbeitsorganisation sowie das Unternehmensklima im allgemeinen, und die (fehlende) Arbeitsmotivation im Besonderen, kann aber ebenfalls als wichtiges Motiv für die Begehung von Taten angeführt werden, da es neben den finanziellen auch nicht-finanzielle Motivationen gibt. LÖW führt z. B. für nicht-finanzielle Motivation Frustration am Arbeitsplatz an (vgl. LÖW (2002), S. 63).

Die genannte Frustration konnte als Erkenntnis aus Differenzen zwischen Bedürfnissen, deren Befriedigung und der in Interaktion stehenden Motivation abgeleitet werden.

Neben der Motivation zu Begehung von wirtschaftskriminellen Handlungen ist als zweite Determinante die Gelegenheit zu nennen, die gewissermaßen als „Ermöglicher“ der Tat fungiert. Sie kann ihrerseits aber die Tat auch initiieren, nämlich dann, wenn der Täter aufgrund der wahrgenommenen Möglichkeit erst auf die Idee kommt, ein Delikt zu begehen. „Gelegenheit macht nicht nur Diebe, sondern auch Wirtschaftskriminelle.“[54]
Motiv und Gelegenheit spielen nach dem Huhn-Ei-Prinzip zusammen: Entweder wird aufgrund eines bestehenden Motivs eine günstige Gelegenheit abgewartet oder gesucht, oder eine sich bietende Gelegenheit weckt erst ein bestimmtes Bedürfnis, das dann zu befriedigen versucht wird. Das Resultat ist in beiden Fällen gleich: eine wirtschaftskriminelle Handlung.

Es gilt jedoch zu beachten, dass sowohl Motiv als auch Gelegenheit höchst subjektiv sind. Was dem einen bereits als finanzieller Druck und damit als mögliches Motiv erscheint, könnte einen anderen niemals zur Tatausführung bewegen. Oder: Was für den einen eine optimale Gelegenheit, ist dem anderen viel zu riskant. Damit sind nicht objektive, sondern subjektiv als solche wahrgenommene Motive und Gelegenheiten entscheidend (vgl. LÖW (2002), S. 63).

Als dritte Komponente beeinflusst die Fähigkeit zur Rationalisierung die Tathandlung. Sie bildet die innere persönliche Komponente ab. Dem Täter muss es nämlich gelingen, sein Verhalten vor sich selbst zu rechtfertigen bzw. sich seines schlechten Gewissens zu entledigen.

Wie bereits formuliert bilden das subjektive Motiv, die wahrgenommene Gelegenheit und die Fähigkeit zur Rationalisierung ein Dreieck – Fraud Triangle (vgl. hierzu auch ALBRECHT u. a. (1995), S. 17 ff) – in dessen Mitte und Einflusszentrum der Täter steht (vgl. Abbildung 12).

Um das Thema Wirtschaftskriminalität besser verstehen zu können ist es notwendig, neben den genannten und dargestellten Einflussfaktoren auch die Persönlichkeit des Täters näher zu erforschen. Das latent vorhandene Kriminalitätsniveau lässt vermuten, dass es Schwierigkeiten bei der Festlegung bzw. der Eingrenzung der Täterpersönlichkeit gibt.

[54] LÖW (2002), S. 63.

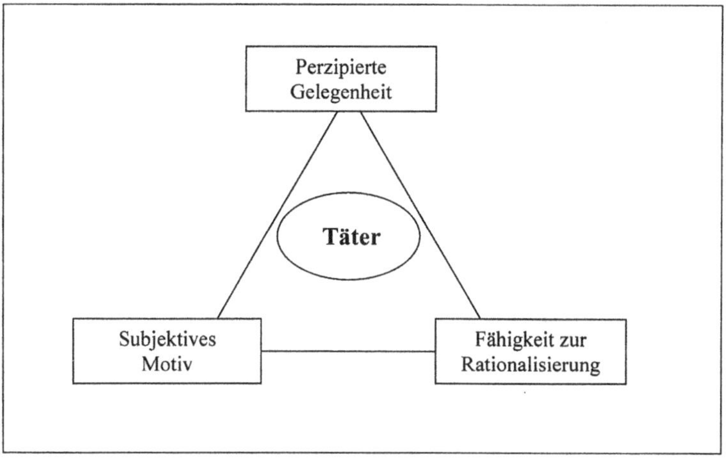

Abb. 12: Der Täter im Mittelpunkt des Fraud Triangle

Quelle: Eigene Darstellung in Anlehnung an LÖW (2002), S. 63.

Im Folgenden soll dargestellt werden, welches soziale und psychologische Profil der Wirtschaftsstraftäter aufweist. Anschließend werden die Komponenten des Fraud Triangle - Motiv, Gelegenheit und Rationalisierung – ausführlicher besprochen.

3.4.1.2 Soziologisches und psychologisches Profil des Täters

Bei der Analyse des Täters sind allgemein zwei Fragen von Interesse (vgl. LÖW (2002), S. 64):

- **Wer** ist er?
- **Wie** ist er?

Die Beantwortung dieser Fragen verlangt wiederum die Kombination soziologischer und psychologischer Betrachtungsweisen, die in gegenseitiger Ergänzung ein Bild von der Persönlichkeit des Wirtschaftsstraftäters ergeben sollten.

Im ersten Schritt wird das *soziologische Täterprofil* dargestellt: **Wer** ist der Wirtschaftsstraftäter?

Um zu beschreiben, wer der Wirtschaftsstraftäter ist, kann zunächst auf soziologische Merkmale abgestellt werden. Nach einer Untersuchung von ROTH aus dem Jahre 1994 liegt das Durchschnittsalter bei 39,7 Jahren (vgl. ROTH (1994),

S. 100). Das Ergebnis liegt damit etwas tiefer als in den Studien von MÜLLER und SCHMID. MÜLLER ermittelte das Durchschnittsalter mit 42,6 Jahren (vgl. MÜLLER (1990), S. 153) und SCHMID mit 40,7 Jahren (vgl. SCHMID (1978), S. 71).

Das mit um 40 Jahre angegebene Durchschnittsalter liegt sehr hoch. Es könnte damit zu erklären sein, dass die Studien sich auf „abgeurteilte" Straftaten, also registrierte Straftaten, beziehen. Die dieser Arbeit unterliegende, weiter gefasste, Definition von Wirtschaftskriminalität würde vermutlich eine deutliche Senkung des Durchschnittsalters bewirken, da „kleinere" Delikte z. B. im Zusammenhang mit der Benutzung von Computern, insbesondere unerlaubte Internetnutzung, eher auch jüngeren Menschen zugeschrieben werden kann. Dabei handelt es sich dann auch in den meisten Fällen um Taten, denen kein juristisches Nachspiel anhängt. Die erfassten Straftaten hingegen werden meistens aus höheren Positionen, mit höherer Verantwortung und höheren Kompetenzen – dadurch entsteht öfter auch ein höherer Schaden - begangen, was zudem ein höheres Alter der Täter erklärt, da solche Positionen meist nicht mit jüngeren Menschen besetzt sind.
MÜLLER beschreibt den 42,6 Jahre alten Wirtschaftsstraftäter weiter mit den Attributen männlich, verheiratet und nicht vorbestraft (vgl. MÜLLER (1990), S. 153 ff). Er ist sozial nicht nur integriert, sondern meist sogar angesehen. Dies hängt damit zusammen, dass er überwiegend in leitender Stellung tätig ist (vgl. LÖW (2002), S. 64).

Einen anderen Ansatz zur Beschreibung des Täterprofils liefert eine Untersuchung der Hermes Kreditversicherungs-AG durch die Auswertung von 9.000 versicherten Vertrauensschäden. Dabei wurden Alter, Geschlecht und Betriebszugehörigkeit erfasst. Folgende Ergebnisse konnten erarbeitet werden (vgl. GDV (2003), o. S.):

- Ca. zwei Drittel der Täter sind männlich, ein Drittel weiblich.
- Es besteht ein positiver Zusammenhang zwischen zunehmendem Alter und Abnahme der Schadenshäufigkeit. So wurden 35 % der Schäden von Mitarbeitern unter 30 Jahren verursacht. 30 % waren zwischen 30 und 40 Jahren alt und 23 % zwischen 40 und 50 Jahren. Nur 12 % der Schäden hingegen konnten Mitarbeitern über 50 Jahre zugeordnet werden.
- Eine Korrelation lies sich auch bei Betriebszugehörigkeit und Auftreten von Veruntreuung feststellen. Je länger die Betriebszugehörigkeit, desto seltener wurde veruntreut. Die höchste Dichte konnte in den ersten zwei Jahren ermittelt werden, wohingegen sie ab 20jähriger Beschäftigung im gleichen Unternehmen minimal ist.
- Auffällig jedoch scheint, dass gerade die durch langjährige Mitarbeiter verursachten Schäden als besonders hoch zu beziffern sind.

Diesen Erklärungen muss aber angefügt werden, dass wirtschaftskriminelle Handlungen in der Unternehmung nicht nur durch den Missbrauch von Kompetenzen begangen werden, sondern häufig auch durch das Ausnützen von Lücken und Schwächen in der internen Kontrolle. So wird es auch anderen Mitarbeitern, die keine oder eine geringe institutionalisierte Verfügungsmacht über Vermögensteile der Unternehmung haben, möglich, sich daran zu bereichern oder sich andere Vorteile zu verschaffen. ROTH spricht beispielsweise von einem Angestellten, der den Zahlungsverkehr abwickelt, oder dem Einkäufer, der gefälschte Rechnungen einschleust (vgl. ROTH (1994), S. 101). ROTH führt damit vor allem Bereiche an, in denen es an Transparenz der Prozesse und, insbesondere im Einkauf, an Überblick über die „Arbeitsweisen" der Mitarbeiter fehlt. Im Einkauf ist die Hauptleistung des Einkäufers meist auf Dienstleistungshandlungen zentriert, wo es bei Vertragsabschlüssen, auch durch interne Kontrollen, schwer nachprüfbar und nachvollziehbar wird, ob wirtschaftskriminelle Handlungen (wie z. B. Korruption, überhöhte oder fiktive Einkäufe, Rechnungsfälschung) begangen werden. Insbesondere im Einkauf liegen hohe Potenziale aber auch Risiken. Es kann in diesem Bereich viel für die Unternehmenssituation getan werden, da jeder eingesparte Euro sich direkt positiv auf den Deckungsbeitrag auswirkt. Wird jedoch der umgekehrte Fall betrachtet, wird schnell deutlich, dass hier große Risikopotenziale vorhanden sind, die existenzielle Auswirkungen mit sich bringen können.

Im folgenden zweiten Schritt wird das *psychologische Täterprofil* analysiert: **Wie** ist der Wirtschaftsstraftäter?

Wer über Kriminalität im Allgemeinen und Wirtschaftskriminalität im Speziellen nachdenkt, kommt nicht umhin, zu fragen, wie der Täter darzustellen ist. Bei Kriminalität ist man leicht versucht zu denken, dass es sich um Menschen, ausgegliedert von Gesellschaft und Normen, handelt. Die bisherigen Ausführungen haben jedoch gezeigt, dass es im Bereich Wirtschaftskriminalität nicht um soziale Ausgrenzung oder Gewaltkriminalität geht. Jeder unter uns kann Handlungen vornehmen, getarnt unter dem Deckmantel legaler Handlungen. Also wie ist der Wirtschaftsstraftäter zu beurteilen? Sind Wirtschaftsstraftäter doch psychisch kranke Menschen und an welchen Persönlichkeitsmerkmalen können sie erkannt werden?

Diese Fragen zielen auf das Aufspüren einer psychopathologischen Veranlagung, eines dem Täter gewissermaßen innewohnenden Profils ab.
STOFFERS versteht in Anlehnung an SCHNEIDER unter einer psychopathischen Persönlichkeit eine Person, die unter ihrer Abnormität leidet oder unter deren Abnormität die Gesellschaft zu leiden hat (vgl. SCHNEIDER (1923), S. 3 und STOFFERS (1998), S. 183). So kann „abnorm" in diesem Zusammenhang „(...) als eine Abweichung menschlichen Verhaltens von einer der Gesellschaft

vorschwebenden Durchschnittsbreite (...)"[55] gesehen werden. BAER versucht anhand der allgemeinen Typologisierung von SCHNEIDER, der insgesamt zehn Psychopathietypen unterscheidet (vgl. SCHNEIDER (1923), S. 69 ff), den Wirtschaftsstraftäter näher zu charakterisieren. Er ordnet ihn dem passiv-haltlosen Tätertypus des psychopathischen Straftäters zu. Dieser zeichnet sich aufgrund von psychiatrischen Untersuchungen insbesondere durch eine mangelnde Realitätsbeurteilung aus (vgl. BAER (1988), S. 51).

Es wird zu Recht der Wert dieser und ähnlicher Typologisierungen in Frage gestellt, da „(...) sich kein eindeutiges, allgemein gültiges Psychogramm des Wirtschaftsdelinquenten ermitteln lässt."[56] Es wird heute vielmehr davon ausgegangen, dass Wirtschaftsstraftäter über dieselben Persönlichkeitsdimensionen verfügen wie Menschen, die sich an die gegebenen Normen und Regeln des Wirtschaftslebens halten (vgl. WEHOWSKY (1994), S. 301). Es werden allerdings gewisse Elemente besonders hervorgehoben. SMETTAN nennt konkret die folgenden (vgl. SMETTAN (1992),S. 23 ff):

- **Furchtlosigkeit**: Wirtschaftskriminelle fürchten sich meistens weniger vor negativen Konsequenzen ihrer Handlungen. „Angst spielt (...) vor allem als Begleiterscheinung der Abschreckung eine bedeutende Rolle. Angst vor den Folgen der Bestrafung, vor sozialer Verachtung, vor Isolation, Haft, Imageverlusten usw. hat abschreckende Wirkung. Es läßt sich vermuten, daß niedrige Angst mit generell höherer Bereitschaft verbunden ist, Risiken einzugehen, und mit der Bereitschaft, riskante kriminelle Methoden zur Bereicherung zu ergreifen."[57]

- **Risikoneigung**: Wirtschaftsstraftäter sind deutlich risikofreudiger als nicht straffällige Personen.

- **Intensität der materiellen Wünsche**: Wirtschaftskriminelle zeichnen sich zudem durch eine übersteigerte Intensität materieller Wünsche (vgl. EIDAM (1996), S. 544) – bis hin zu narzisstischen Allmachtswünschen – aus (vgl. FENICHEL (1985), S. 100 ff). Meist sind diese Wünsche an Geltungs- und Rangstreben geknüpft (vgl. BODMER (1983), S. 5 ff).

Die Erkenntnisse und Überlegungen zur Tätercharakterisierung können abschließend wie folgt zusammengefasst werden:

---

[55] LÖW (2002), S. 65.
[56] LÖW (2002), S. 65.
[57] SMETTAN (1992), S. 24.

1.) Eine eindeutige Charakterisierung der Persönlichkeitsstruktur von Wirtschaftskriminellen kann nicht vorgenommen werden. „Den" Wirtschaftskriminellen gibt es also nicht.

2.) Die wenigsten Wirtschaftskriminellen sind psychisch krank oder zeigen in einer anderen Weise abnormales Verhalten im psychopathologischen Sinne.

3.) Es ist anzunehmen, dass die genannten Elemente von SMETTAN bei Delikten höheren Grades ebenfalls stärker ausgeprägt sind. Bei niedrigeren Delikten ist ein ausgeprägtes Vorhandensein der Elemente nicht unbedingt erforderlich, wobei die Risikoneigung in Verbindung mit Angst bzw. Furchtlosigkeit den gesamten Bereich menschlichen Handelns wohl am Stärksten beeinflusst.

Offenbar gibt es weder soziale noch psychologische Merkmale, nach denen der Wirtschaftskriminelle eindeutig identifiziert werden könnte. Im Gegenteil: Wie sich gezeigt hat, erfüllt er oft Attribute, welche auch auf integrierte und angesehene Mitglieder der Gesellschaft zutreffen. Eine Studie von ALBRECHT bestätigt diese Schlussfolgerungen empirisch. Demnach waren „Weiße-Kragen-Kriminelle" weder nach demografischen noch psychologischen Kriterien von der nicht kriminellen Referenzgruppe zu unterscheiden. Ihr Profil entsprach dem eines Musterbürgers: „White-collar criminals tended to have much more stable family situations; they were more likely to be married and less likely to be divorced, they had more children, and they were more likely to be active church members."[58]

3.4.1.3 Die Tatmotive

Wünsche nach Bereicherung scheinen urtypisch für den Menschen. So kommen sie häufig in Träumen oder Märchen zum Ausdruck. Das Märchen von Sterntaler, der Goldesel, der Geld spuckt, und die Goldmarie, die mit Talern überhäuft wird, sind nur einige von vielen Geschichten, in denen sich der Wunsch von Reichwerden auf fantastische Weise erfüllt. Realitätsnäher betrachtet, ist jedoch trotzdem nicht verwunderlich, wenn Geld und oft die daraus entstehende Macht als Wunsch hinter kriminellen Handlungen steht. Häufig werden im Zusammenhang mit Wirtschaftskriminalität Termini wie z. B. „Sicherheit bekommen", „endlos vom Geld zehren", „glorreiche Unabhängigkeit genießen", „es allen zeigen", „triumphieren", „Rache nehmen" usw. verwendet (vgl. auch SMETTAN (1992), S. 10).

---

[58] ALBRECHT u. a. (1995), S. 7 f.

Die genannten Themen spielen auch bei der Analyse der Motive eine zentrale Rolle, wenn auch mit ganz unterschiedlichen Schwerpunkten. Die Fülle von Themen lässt sich auf wenige psychoanalytische Begriffe verdichten, welche die verschiedenen Antriebsmuster näher charakterisieren.

1.) Bereicherung und Gier

Bei kriminellen Handlungen im betrieblichen Umfeld steht die Bereicherungsabsicht im Vordergrund: Untersuchungen zeigen, dass es sich bei 90 Prozent der Delinquenten um Bereicherungstäter und nur bei 10 Prozent um Engpasstäter handelt (vgl. MÜLLER (1990), S. 161). Dabei muss aber unter dem Gesichtspunkt der Einbeziehung wirtschaftskrimineller Handlungen 1. Grades davon ausgegangen werden, dass dies dort deutlich geringer ausfällt als bei Wirtschaftskriminalität höheren Grades.

2.) Macht, Geltungssucht und narzisstische Zufuhr

In unserer Gesellschaft verfügt der Besitzer von Geld über Macht und Prestige. Der Trieb, reich zu werden und dadurch Macht zu erlangen, erscheint als Spezifikation des „Willens zur Macht" (vgl. LÖW (2002), S. 67). FENICHEL vergleicht den Wunsch, Macht zu erlangen, mit den narzisstischen Wünschen des Kleinkindes. Soweit der Bereicherungstrieb als eine Technik des Ichs, die Selbstachtung zu steigern oder einer Minderung der Selbstachtung zuvorzukommen, verstanden werden darf, kann er als ein Derivat jener primitiven Form der Regulation von Selbstachtung verstanden werden, durch die das Individuum von seiner Umgebung eine „narzisstische Zufuhr" in gleicher Weise erhält wie das Kind seine Nahrung. Geld ist in diesem Zusammenhang eines solche Zufuhr. Extreme Wirtschaftsstraftäter jagen einer Fantasie des Reichwerdens nach, weil Reichtum eben eine enorme Steigerung des Selbstwertgefühls verspricht (vgl. FENICHEL (1985), S. 102 ff).

Eine interessante Erklärung dafür, weshalb Menschen nach Geltung streben und zur Erreichung dieses Ziels auch kriminelle Methoden anzuwenden bereit sind, wurde von BODMER aufgestellt (vgl. BODMER (1983), S. 5 ff). Er versucht eine Antwort zu geben auf die Frage, weshalb ein Mensch von Normen abweicht – somit straffällig wird - und wie er daran gehindert werden könnte. Neben dem kriminellen Verhalten im Allgemeinen untersuchte er auch die psychologischen Ursachen des spezifisch wirtschaftskriminellen Verhaltens (vgl. auch ROTH (1994), S. 115 f):

Evolutionstheoretische Gedankengänge führen zur Annahme, dass die natürliche Auslese den Selbstbehauptungstrieb zum dominierenden Faktor der Motivation gezüchtet hat. Die Selbstbehauptung kann in zwei Unterarten eingeteilt werden:

- Selbstbehauptung des Organismus gegenüber seiner Umwelt;
- Selbstbehauptung des Individuums gegenüber den Mitglieder seiner Gruppe = Geltung.

Die Geltung eines Individuums besteht ihrerseits aus zwei Aspekten:

- Seinem Rang, der bestimmt, wie weit die anderen auf ihn achten und Rücksicht nehmen und in wie weit sie ihm den Vortritt lassen. Der Rang eines Individuums hängt von seiner Fähigkeit ab, bei anderen Furcht, Achtung und Gefolgschaft zu erzeugen.

- Seiner Anziehungskraft, die bestimmt, wie weit andere an ihm hängen, wie stark sie ihn als Quelle der Erfüllung eigener Strebungen suchen. Die Anziehungskraft eines Individuums beruht auf den Reizen, die es anderen bietet, und auf Leistungen, die es ihnen erbringt.

Es ist bekannt, dass in der Frühzeit der menschlichen Entwicklungsgeschichte kleine Gruppen zusammen gelebt haben. Die Geltung bestand damals in der Anziehungskraft eines Individuums, die auf seiner Vertrautheit beruht und dem, was es den anderen Gruppenmitgliedern bot, z. B. gegenseitige Hilfe und enge persönliche Zusammenarbeit. Das Bevölkerungswachstum führte dann im Laufe der Zeit zur einer Verschiebung des Schwerpunktes der Geltung von der Anziehungskraft zum Rang und zum Imponiergehabe hin sowie zum Kampf um Besitz, Einfluss und Sozialprestige, zum Versuch, die Verfügung über Dinge und Menschen zu erlangen. Die Beziehungen zwischen den Menschen untereinander wurden loser und die Kontakte mit Fremden nahmen somit zwangläufig zu. Fremde Menschen konnten nun nicht mehr über ihre Anziehungskraft, die Vertrautheit als Voraussetzung bedingt, beurteilt werden, sondern nur noch über ihre äußere Erscheinung und die Mittel, über die das betreffende Individuum dem Anschein nach verfügt. Dazu zählen einerseits erkennbare oder auch nur vorgetäuschte körperliche Kraft, Entschlossenheit, Gewandtheit und geistige Überlegenheit, andererseits Verfügungsmöglichkeiten, die aufgrund gesellschaftlicher Ordnungen, Beziehungen und Bewertungsmustern bestehen, wie Besitz, Einfluss und Sozialprestige.

Wichtige Faktoren, die eine kriminelle Neigung begünstigen, sind nach BODMER:

- Starker Selbstbehauptungstrieb;
- Schwacher Fürsorgetrieb;
- Schwache Motivation zu normgerechtem Verhalten;
- Geringe Begabung zu lernen, wie man schadensstiftende Konflikte vermeidet.

Diese Faktoren führen jedoch nur dann zur Kriminalität, wenn die Umwelteinflüsse, denen das betroffene Individuum ausgesetzt ist, keinen Ausgleich schaffen oder verstärkend wirken.
Je schwächer Rücksichtnahme und normgemäßes Verhalten verwurzelt sind, umso mehr erfolgt die Selbstbehauptung im zwischenmenschlichen Bereich durch den Versuch, sich Güter, Kaufkraft, Macht und Prestige zu verschaffen, die Mittel sind, sich selber und anderen zu imponieren (vgl. BODMER (1983), S. 2).

3.) Frustration, Unzufriedenheit und Rache

Bei der Wirtschaftskriminalität, und insbesondere bei der dieser Arbeit zugrunde liegenden Definition, spielen zunehmend emotional geprägte Motive wie Rache- oder Hassgefühle gegenüber dem Arbeitgeber eine bedeutende Rolle. Fusionen, Übernahmen, ständiger Führungskräftewechsel, Downsizing und Outsourcing wirken sich maßgeblich auf die Befindlichkeit der Mitarbeiter aus. Für sie gehen diese Veränderungen oft mit Verunsicherung, Gefühlen des Misstrauens gegenüber dem Arbeitgeber, Ängsten oder gar Arbeitsplatzverlust einher. Daraus können sich Frustration und Unzufriedenheit sowie Motivationsschwächen entwickeln, insbesondere dann, wenn Erwartungen und Bedürfnisse nicht oder unzureichend befriedigt werden (vgl. auch Kapitel 3.3.1). Wirtschaftskriminelle Handlungen dienen in diesem Fall dazu, sich am Arbeitgeber für den individuell empfundenen Schaden zu rächen. Hier, so lässt sich vermuten, steckt ein hohes Dunkelpotenzial bzw. ein enormes Risiko was die Wahrscheinlichkeit solch motivierter Taten angeht.

Dies bestätigen auch die Forscher AMBROSE, SEABRIGHT & SCHMINKE von der University of Central Florida, die sich die Frage stellten, was Mitarbeiter antreibt, an ihrem Arbeitgeber Rache zu nehmen und ihn zu schädigen (vgl. AMBROSE u. a. (2002), S. 947 ff) sowie SONNENMOSER (2003), S. 14 f). Die Ergebnisse sind für die vorliegende Arbeit besonders interessant, da sich die Informationen aus den 132 geführten Interviews auf wenige zentrale Beweggründe, von denen einige bereits angesprochen wurden, verdichtet werden kann:

- Ungerechte Behandlung
- Machtlosigkeit
- Frustrationen
- Langeweile

Das Motiv, dass mit 80 Prozent überwältigend hoch ausfiel, war die ungerechte Behandlung durch den Arbeitgeber. Wenn sich die Mitarbeiter nicht gut genug bezahlt, nicht gewürdigt oder übergangen fühlen – also Differenzen zwischen Bedürfnissen und deren Befriedigung vorliegen – wollen sie dem Arbeitgeber für die erlittenen „Schmerzen" den angemessenen Schaden zufügen. Es konnte ebenfalls festgestellt werden, dass die Handlungen massiver werden, je öfter ein Mitarbeiter sich ungerecht behandelt fühlt. Er versucht auf diese Weise Wut, Ärger und Frustration zu kompensieren, aber auch Vergeltung zu üben.

Als zweiter zentraler Punkt wurde die Machtlosigkeit herausgestellt. Wenn Freiheit und Autonomie beschnitten werden oder der Mitarbeiter dies subjektiv als beschnitten ansieht, fühlt er sich machtlos und versucht durch wirtschaftskriminelle Handlungen Kontrolle zu gewinnen.

Die oben bereits kurz angesprochenen Frustrationen werden als „(...) Folge fehlender Übereinstimmung zwischen den Zielen und den Ressourcen des Unternehmens und denen der Beschäftigten"[59] gesehen. Die Handlungen richten sich in diesem Fall meistens gegen einen Missstand oder einen erlebten Mangel. Wirtschaftskriminalität kann sich also aus den divergierenden Positionen und Zielen von Unternehmen und Mitarbeitern ergeben und ist umso gravierender, je mehr diese auseinander liegen. Hieran kann bereits abgeleitet werden, dass nicht nur viel Potenzial für, sondern auch gegen Wirtschaftskriminalität enthalten ist. Das Wissen und die Erkenntnis daraus kann somit Grundlage von entgegenwirkenden Maßnahmen sein.

Als letzter zentraler Punkt der Studie soll die Langeweile angesprochen werden. Wenn sich Mitarbeiter an ihrem Arbeitsplatz langweilen, wollen sie durch wirtschaftskriminelle Handlungen die Langeweile durchbrechen, Aufregung verursachen oder einfach nur Spaß haben.

Die Forscher entkräften die Vermutung, es könne sich dabei um eine Kurzschlussreaktion handeln, was darauf schließen lässt, dass ganz bewusst – strafrechtlich benannt: vorsätzlich – Schaden verursacht werden soll: „Unsere Ergebnisse legen nahe, dass Saboteure geplant und zielgerichtet vorgehen."[60] Sie sind aber davon überzeugt, dass bei einer fairen Behandlung und Einräumung von Einfluss und Kontrolle, Anlass für Rachegefühle gar nicht entstehen (vgl. SONNENMOSER (2003), S. 15). Auf mögliche daraus abzuleitende Maßnahmen soll an anderer Stelle noch intensiver eingegangen werden.

3.4.1.4 Die Gelegenheit

Im vorangegangenen Kapitel wurden die subjektiven Motive dargestellt. Um Wirtschaftskriminalität umfassend betrachten und verstehen zu können, wird auf

[59] SONNENMOSER (2003), S. 15.
[60] SONNENMOSER (2003), S. 15.

den zweiten zentralen Faktor im Fraud Triangle näher eingegangen: Die perzipierte Gelegenheit.

Die Gelegenheit als objektive Möglichkeit zur Tatbegehung ist an sich kein psychologisches Moment. Von der Existenz einer solchen Möglichkeit geht aber eine psychologische Wirkung auf den Täter aus, wobei dessen subjektive Wahrnehmung dieser Möglichkeit als entscheidend anzusehen ist. Falls der Täter also schon eine Idee oder einen Plan zu einer wirtschaftskriminellen Handlung hat, so eröffnet ihm die (perzipierte) Gelegenheit die Möglichkeit dazu. In diesem Zusammenhang spricht LÖW von der „Enabler-Funktion". Neben der Enabler-Funktion kann die Gelegenheit auch eine so genannte Initial-Funktion haben (vgl. LÖW (2002), S. 69). „Dies ist dann der Fall, wenn die Wahrnehmung einer Gelegenheit den Täter erst auf die Idee bringt, er könnte eine Tat begehen."[61] LÖW nennt das Beispiel eines Informatikers, zuständig für die IT-Sicherheit eines Unternehmens, der sich beispielsweise plötzlich bewusst wird, welche lukrativen, aber missbräuchlichen Möglichkeiten ihm seine umfangreichen Zugriffsberechtigungen und sein hochspezialisiertes Fachwissen eröffnen (vgl. LÖW (2002), S. 69). Übertragbar ist dieses Szenario auf so gut wie jede Position im Unternehmen, was auch deutlich zum Ausdruck bringt, welche Gefahren in untransparenten und schlecht zu kontrollierenden Prozessen schlummern.

Auch COMER ist der Ansicht, dass es sich bei Wirtschaftskriminellen um vorwiegend Gelegenheitstäter handelt (vgl. COMER (1986), S. 70 ff). Es muss aber beachtet werden, dass sie sich im Gegensatz zu „normalen" Kriminellen ihr Opfer – das Unternehmen – nicht gezielt nach den sich bietenden Deliktsmöglichkeiten aussuchen. Sie erkennen viel mehr eine Gelegenheit erst nach erfolgter Anstellung. „Gelegenheiten können entstehen durch die unzureichende Überwachung, Lücken im internen Kontrollsystem, weitreichende Kompetenzen oder übermäßiges Vertrauen."[62]
Die Persönlichkeit des Mitarbeiters spielt ebenso eine entscheidende Rolle bei der Reaktion auf solche Gelegenheiten. HOFMANN unterteilt die Mitarbeiter dabei nach ihren Verhaltensweisen in vier Gruppen (vgl. HOFMANN (1989), S. 1356):

Personen, die

- selbst bei günstiger, risikoloser Gelegenheit Versuchungen widerstehen und ehrlich sind;
- in Grenzsituationen und Notlagen dazu tendieren, sich zu bereichern, vielfach mit der Absicht, den Schaden wieder auszugleichen;

[61] LÖW (2002), S. 69.
[62] ROTH (1994), S. 111.

- bei geringem kalkulierbaren Risiko und Verschleierungsmöglichkeiten Delikte begehen;
- pathologisch sind und sich ohne Abwägen von Erfolgschancen bereichern.

Die psychologische Betrachtung führt zu der Erkenntnis, dass jede reale oder wahrgenommene Möglichkeit die Gefahr einer wirtschaftskriminellen Handlung zum Schaden der Unternehmung beträchtlich erhöht. Dies ist für die Unternehmen ein zentraler Ansatzpunkt bei der Bekämpfung von Wirtschaftskriminalität.

3.4.1.5 Die Fähigkeit zur Rationalisierung

Wer wirtschaftskriminelle Handlungen begeht oder begehen will, muss eine psychosoziale Konfliktsituation bewältigen. Aus der psychoanalytischen Theorie sind zahlreiche beschränkt bewusste Abwehrmechanismen bekannt. In Bezug auf die Wirtschaftskriminalität sind besonders die folgenden Abwehrmechanismen wesentlich (vgl. DORSCH et al. (1994), S. 6):

- Die **Verdrängung**
- Die **Introjektion**: Sie bezeichnet die Aufnahme fremder Anschauung und Motive.
- Die **Rationalisierung**: Sie bezeichnet die verstandesmäßige Rechtfertigung einer Handlung.
- Die **Skotomisation**: Sie bezeichnet eine Realitätsleugnung.

Weitere Abwehrmechanismen sind z. B. Konversion, Reaktion, Projektion, Kompensation, Sublimation oder Substitution. Für die Bewertung von Wirtschaftskriminellen jedoch ist die Rationalisierung der wichtigste Abwehrmechanismus. Die Rechtfertigung von Taten wird oft durch Standardargumente erzeugt.
LÖW nennt einige Standardargumente der Rationalisierung (vgl. LÖW (2002), S. 70):

- „Ich leihe mir das Geld nur vorübergehend."
- „Es tut ja niemandem weh."
- „Die Firma ist reich genug."
- „Die andern tun's ja auch."
- „Das ist mir der Arbeitgeber schuldig."
- „Ich habe mir das verdient. Das steht mir zu."

In einigen Fällen kann sich eine wirtschaftskriminelle Handlung auch über einen längeren Zeitraum, manchmal mehrere Jahre, erstrecken, so dass die Rationalisierungsmechanismen für den Täter besonders wichtig werden. Erst diese Mechanismen ermöglichen letztendlich die Tat. ALBRECHT u. a. erkennen eine starke Zunahme der Fähigkeit des Individuums zur Rationalisierung wirtschaftskrimineller Taten: „The ability to rationalize seems to be increasing in our society.“[63]

3.4.2 *Opferpsychologie*

Psychosoziale Abwehrmechanismen finden sich aber nicht nur bei den Tätern, sondern auch bei den Opfern wirtschaftskrimineller Handlungen. Dabei steht die Verleugnung und Verdrängung im Vordergrund. MÜLLER demonstriert dies anhand der Geschehnisse um den European Kings Club und stellt dabei Parallelen zum Stockholm-Syndrom fest, welches die Identifikation mit dem Aggressor bezeichnet (vgl. MÜLLER (1995), S. 842 f). Dieses Verhalten ist oft bei Geiseln zu beobachten, die sich mit ihren Geiselnehmern solidarisieren. Geprägt wird dieses Verhalten durch das eigene Schutzbedürfnis. Bei den Opfern des European Kings Club konnte ein ähnliches Verhalten beobachtet werden: Sie stellten sich – aus eigenen finanziellen Interessen – mit den Tätern aktiv gegen die Strafverfolgungsbehörden. Die kritiklose Übernahme der Motive und Argumentationen weist dabei auf den bereits oben erwähnten Abwehrmechanismus Introjektion hin (vgl. LÖW (2002), S. 70). Oft ist in Unternehmen zu beobachten, dass sie sich des Risikos wirtschaftskrimineller Handlungen nicht bewusst sind und/oder deren Existenz im eigenen Unternehmen verdrängen oder verleugnen.

3.4.3 *Täter-Opfer-Interaktion*

Neben dem Täter- und Opferverhalten ist aus psychologischer Sicht auch deren Interaktion von Bedeutung. Um diese Täter-Opfer-Interaktion verstehen zu können, muss auf die in Kapitel 3.4.1.3 betrachteten Tatmotive des Wirtschaftskriminellen zurückgegriffen werden. Wie ausgeführt, sind wirtschaftskriminelle Handlungen in besonderem Maße Auswirkungen davon, dass das natürliche Streben nach Selbstbehauptung gegenüber den Mitmenschen (Geltungsstreben) vor allem ein Rangstreben ist. Die Straftat besteht dann im Wesentlichen darin, sich Kaufkraft und damit verbunden den Zugang zu Imponiermittel auf rechtswidrige Weise durch List zu verschaffen. Zu diesen Mitteln greifen Menschen vor allem dann, wenn ihr Streben nach geltungsverleihenden Gütern stärker ist als das Zutrauen in die eigenen Fähigkeiten, solche Güter rechtmäßig zu erlangen, und stärker als ihre Hemmungen, normwidrig und rücksichtslos zu handeln.

Diese psychische Ausgangslage könnte auch zu schweren Straftaten, wie z. B. Raub oder besonders schweren Diebstählen, führen. Solche Handlungen sind aber konkrete und direkte Arten, andere Menschen anzugreifen und in ihren

[63] ALBRECHT u. a. (1994), S. 29.

Herrschaftsbereich einzudringen. Diese setzen aber besondere Aktionen, wie z. B. andere Menschen bedrohen, ihnen etwas entreißen, in ihr Heim einzudringen und ihnen etwas Greifbares wegzunehmen, voraus. Solches Handeln erfordert eine besonders starke Überwindung von biologisch tief verankerten Hemmungen und sind normalerweise nur durch eine heftige aggressive Erregung auszuschalten (vgl. LÖW (2002), S. 72). Gerade dieses ist dem Wirtschaftskriminellen aber fremd, zeichnen sich seine Taten doch durch Gewaltlosigkeit aus (vgl. auch Kapitel 2.4.2). Wirtschaftsdelikte bieten den psychischen Vorteil, dass sie mit freundlichem Auftreten des Täters verbunden sein können und durch Vorgänge vollzogen werden, die für das Opfer als z. B. in den Prozess integriert – also als „legale" mit der Tätigkeit verbundene Aktionen - gesehen werden können (z. B. untransparente Vertragsabschlüsse bei Einkäufern und Verkäufern).

Bei der Betrachtung des Menschen im Kontext der Wirtschaftskriminalität wurden einige Sachverhalte aufgeworfen und dargestellt, welche die Sensibilität gegenüber diesem Thema erweitern können. Die Evaluation darf sich aber nicht nur auf die Perspektive des Menschen beschränken; es muss ebenfalls die Unternehmensseite betrachtet werden.

4. BETRACHTUNG DES UNTERNEHMENS IM BLICK WIRTSCHAFTSKRIMINELLER HANDLUNGEN

Im vorangegangenen Kapitel wurde die Beziehung des Menschen, seiner Bedürfnisstrukturen sowie das daraus entstehende Verhalten und Handeln in Bezug auf Wirtschaftskriminalität betrachtet. Herausgestellt wurde, welchen wichtigen Anteil der Mensch als Teil von größeren Systemen an wirtschaftskriminellen Handlungen hat. In diesem Kapitel soll die Darstellung aus Unternehmenssicht einen umfassenden Blick über das Thema darlegen. Das Unternehmen spielt als „Schauplatz" von Wirtschaftskriminalität eine zentrale Rolle. Dies soll nach einer einführenden Abgrenzung der begrifflichen Grundlagen anhand einer Darstellung möglicher wirtschaftskrimineller Handlungen in besonders gefährdeten Bereichen erläutert werden.

Die Ökonomie bzw. Wirtschaftswissenschaft, und somit als Teildisziplin auch die Betriebswirtschaft, befasst sich mit der effizienten Verteilung knapper Ressourcen zur Befriedigung menschlicher Bedürfnisse. Da die menschlichen Bedürfnisse praktisch unbegrenzt vorhanden sind, die zur Bedürfnisbefriedigung geeigneten Mittel (auch Güter genannt) dagegen nicht in unbeschränkter Menge zur Verfügung stehen, sondern von Natur aus knapp sind, müssen Entscheidungen getroffen werden, über das optimale Verhältnis zwischen Herstellung von Gütern und deren Verbrauch (vgl. WÖHE (1996), S. 1). Während die Wirtschaft als Ganzes, also die Beziehungen und das Zusammenspiel zwischen den produzierenden Wirtschaftseinheiten, den Betrieben, und den konsumierenden Wirtschaftseinheiten, den Haushalten, von der zweiten Teildisziplin der Wirtschaftswissenschaften, der Volkswirtschaftslehre, untersucht wird, befasst sich die Betriebswirtschaftslehre mit den Betrieben. Sie untersucht die wirtschaftlichen Vorgänge, die sich innerhalb des Betriebes vollziehen sowie die Beziehungen zwischen dem Betrieb und seiner Umwelt (vgl. WITTGEN (1974), S. 21).

Die Betriebswirtschaftslehre als eine Realwissenschaft beschäftigt sich mit „(...) in der Wirklichkeit vorhandenen, individuellen raum-zeitlich feststellbaren Tatsachen"[64]. Die Objekte der Idealwissenschaft hingegen werden vom Denken erschaffen, d. h. sie sind nicht unabhängig vom Denken gegeben (vgl. WÖHE (1996), S. 24). Von realwissenschaftlichen Aussagen wird verlangt, dass „(...) sie über tatsächliche oder mögliche Eigenschaften von realen Objekten bzw. Sachverhalten informieren."[65] Außerdem bedürfen sie über die Prüfung auf logische Widersprüche hinaus zusätzlich einer Faktenkontrolle.

---

[64] BEA (1990), S. 18.
[65] SCHANZ (1975), S. 26 f.

4.1 Definitorische Abgrenzungen und Zweck eines Unternehmens

Der Betrieb wurde oben als Erkenntnisobjekt der Betriebswirtschaftslehre beschrieben. Dieselbe Wirtschaftseinheit wird aber auch mit dem Begriff Unternehmung bezeichnet. Während in der Praxis beide Begriffe meist als Synonyme verwendet werden (vgl. auch BAHN (1974), S. 18), erfolgen die Abgrenzungen in der Betriebswirtschaftslehre oft nicht einheitlich (vgl. BAHN (1974), S. 17 und CORSTEN (1992), S. 863). Die Begriffe entstanden, da die konkrete Wirtschaftseinheit sowohl Merkmale des nachhaltigen „Betreibens“ als auch die des wagenden „Unternehmens“ beinhaltet (vgl. ROTH (1994), S. 14).
Der Begriff des Betriebes wird nur in einer untergeordneten Bedeutung als die technische Einheit, welche die Güter erzeugt und bereitstellt, verwendet. Hierbei wird an die realtechnische Ausstattung der Wirtschaftseinheiten, wie Fabrikgebäude, Maschinen und sonstige technische Anlagen gedacht sowie an die Werkvorrichtungen und den verfahrenstechnischen Dauervollzug.
Dem Begriff Unternehmung – häufig wird auch der Begriff Unternehmen verwendet (vgl. BRÖCKERMANN (2001), S. 21) – kommt eine umfassendere Bedeutung zu. Er beinhaltet alle Funktionen, die es der Wirtschaftseinheit ermöglichen, selbstständig zu überleben, wie Beschaffung, Vertrieb, Finanzierung, Verwaltung und Führung (vgl. ROTH (1994), S. 14).

4.2 Im Unternehmen beschäftigte Personen

Die dieser Arbeit zugrunde gelegte Definition umfasst den Sachverhalt der „im Unternehmen beschäftigten Personen“. Als im Unternehmen beschäftigte Personen werden alle Arbeitnehmer einschließlich der zu ihrer Ausbildung Beschäftigten verstanden, die vertraglich mit dem Unternehmen in einem Arbeitsverhältnis stehen. Eingeschlossen werden aber auch Mitglieder der Geschäftsleitung, d. h. all jene Personen, die als leitende Angestellte im Sinne des § 5 Abs. 3 BetrVG bezeichnet werden.
Die Bereicherungen, die durch die wirtschaftskriminellen Handlungen erzielt werden, gehen zu Lasten des Unternehmens, welches dann in erster Linie das Opfer darstellt. Der Schaden, der von im Unternehmen beschäftigten Personen Dritten zugefügt wird, fließt in die Betrachtung nur in soweit ein, wie sie das Verständnis für die im Unternehmen entstandene Sachlage erweitert.

HUNTINGTON hat eine zweckmäßige Einteilung der Tatbegehungen geschaffen, anhand derer weitere Abgrenzungen vorgenommen werden können. Er unterscheidet Delikte, die von innerhalb des Unternehmens begangen werden – fraud in the business – sowie Delikte, die von außerhalb des Unternehmens begangen werden – fraud on the business bzw. external fraud. Fraud in the business wird vom Management und von Arbeitnehmern begangen:

- „Management fraud is the misrepresentation of the financial position or the concealed theft or improper use of the resources of a business, carried out by existing management at a senior level of the entity concerned.
- Employee fraud is the concealed theft or improper use of the resources of a business, carried out by employee below management level of the entity concerned.
- External fraud is the concealed theft or improper use of the resources of a business, carried out from outside by individuals who are neither management nor employees of the entity concerned."[66]

4.3 Darstellung und Aufbau eines Unternehmens am Beispiel eines Industriebetriebs

In der Betriebswirtschaftslehre gibt es einige bedeutende Ansätze zur Analyse von Unternehmensmodellen. Zu erwähnen sind dabei insbesondere das System nach ERICH GUTENBERG (produktivitätsorientierter Ansatz), der entscheidungsorientierte Ansatz, der verhaltensorientierte Ansatz und der systemorientierte Ansatz (vgl. WÖHE (1996), S. 75 ff).

Die Überlegungen im Zusammenhang mit Unternehmen und Wirtschaftskriminalität sollen sich am systemtheoretischen Ansatz orientieren. Dieser Ansatz ist weiter gefasst als die z.B. im entscheidungstheoretischen Ansatz verwendeten Erkenntnisse, da auch Gestaltungsmodelle „für zukünftige Wirklichkeiten" entwickelt werden (vgl. WÖHE (1996), S. 80 f). Im systemtheoretischen Ansatz, der im wesentlichen auf der Kybernetik – Lehre von der Struktur und vom Verhalten dynamischer Systeme, die besonders Steuerungs- und Regelungsvorgänge beobachtet und erklärt (vgl. SCHNIDER (1972), S. 15) – beruht, wird die Unternehmung als ein produktives sozio-technisches System definiert (vgl. ULRICH & KRIEG (1974), S. 17), d. h. von Menschen geschaffene Gebilde, die, beruhend auf menschlicher Arbeit, unterstützt von Maschinen, den Zweck der Leistungserstellung verfolgen. ULRICH versteht unter dem Begriff System „(...) eine geordnete Gesamtheit von Elementen, zwischen denen irgendwelche Beziehungen bestehen oder hergestellt werden können."[67] Bei der Betrachtung von Systemen geht ULRICH weiter davon aus, dass dieses System – verstanden als Subsystem - Teil eines größeren Systems sein kann, welches dann als Supersystem deklariert wird, wenn auf die einzelnen Bereiche die Merkmale des Systembegriffs zutreffen. Die Elemente untereinander können ebenfalls Verbindungen, Abhängigkeiten oder Wechselwirkungen aufweisen (vgl. ULRICH (1970), S. 107 ff). Ein System kann ebenfalls Beziehungen zur Umwelt pflegen, was dann als „offenes System" bezeichnet wird. Bestehen diese Verbindungen nach außen nicht, spricht man von „geschlossenen Systemen" (vgl. ULRICH (1970), S.

[66] HUNTINGTON (1992), S. VII f.
[67] ULRICH (1970), S. 105.

112). Das Unternehmen im Sinne dieser Arbeit soll als offenes System definiert werden, dass von der Umwelt für den Produktionsprozess „Input“ erwirbt und nach Zubringung der eigenen Wertschöpfung am Markt „Output“ vertreibt.

Der Aufbau und die Organisation des Unternehmensmodells soll sich an den bei WÖHE in Anlehnung an das Wörterbuch der Organisation[68] beschriebenen Tätigkeitsbereichen orientieren. Er spricht von der Organisation von (vgl. WÖHE (1996), S. 180):

- Absatz
- Anlagenwirtschaft
- Fertigung
- Finanzierung
- Forschung
- Kontrolle
- Materialwirtschaft
- Personalwesen
- Planung
- Rechnungswesen
- Revision (interne)
- Transportwesen
- Werbung

Für die Darstellung der Unternehmensbereiche im Blick von Wirtschaftskriminalität wird die funktionale Gliederung beibehalten, wobei die genannten Bereiche auf einige wenige verdichtet werden. In Anlehnung an das systemtheoretische Unternehmensmodell werden die folgenden Unternehmensbereiche unterschieden:

- Einkauf
- Produktion
- Vertrieb
- Finanzwesen
- Personal- und Sozialwesen
- Geschäftsleitung

Bei der Betrachtung wirtschaftskrimineller Handlungen bezogen auf die einzelnen Unternehmensbereiche müssen insbesondere die Erkenntnisse über die Tatmotive eingehen. Das Ziel wirtschaftskrimineller Handlungen ist somit in erster Linie sich unrechtmäßig an Geld, Waren und sonstigen Vorteilen zu bereichern. Für Handlungen mit höherer krimineller Energie sind insbesondere die Tätigkeiten von Bedeutung, die sich mit den Geld- und Güterströmen beschäftigen.

Die einzelnen Unternehmensbereiche unterliegen dabei zweckmäßigerweise einer prozessualen Betrachtung, da sich Wirtschaftsdelikte oft über mehrere aufeinander folgende Arbeitsschritte eines Tätigkeitskomplexes, der in einem Unternehmensbereich zusammengefasst wird, hinziehen und ihre Spuren hinterlassen.

---

[68] GROTCHLA 1992

4.4 Besonders gefährdete Unternehmensbereiche

Wie aus den bisherigen Erkenntnissen hervorgeht, ist eine Begrenzung auf einzelne Bereiche oder Tätigkeiten nicht möglich. Wirtschaftskriminelle Handlungen jeglicher Art können, wenn die Faktoren, die zur Tat führen, gemeinsam vorliegen, in jedem Unternehmensbereich vorkommen. Es wird jedoch für sinnvoll erachtet, die genannten fünf Bereiche kurz darzustellen, um auch den Definitionsrahmen darzulegen.

4.4.1 Einkauf

Wirtschaftskriminelle Handlungen beim Einkauf von Waren, Dienstleistungen oder Anlagen sind aufgrund der im Einkauf fehlenden Transparenz oft nur schwer bis nicht erkennbar. Die für diesen Bereich speziellen Delikte werden in den meisten Fällen beim Beschaffungsvorgang (Lieferantensuche, Lieferantenauswahl, Vertragsgestaltung) an sich begangen. Oft werden die Begriffe Einkauf und Beschaffung synonym verwendet, wobei jedoch ein Unterschied besteht: „Der Begriff Einkauf wird enger gefasst als der Begriff Beschaffung und bezieht sich nur auf die Beschaffung von Werkstoffen, Waren und Betriebsmitteln, schließt aber dagegen nicht die Beschaffung des Kapitals und der Arbeitskräfte ein.“[69] WÖHE beschreibt diesen Sachverhalt in seiner 19. Auflage etwas abweichend: „Im Rahmen der Beschaffung geht es um die Bereitstellung von Werkstoffen. Prinzipiell könnte man auch die Bereitstellung von Betriebsmitteln und Arbeitskräften zur Beschaffung zählen. Weil aber der Einsatz des Faktors Arbeit völlig andere Probleme aufwirft als die Bereitstellung von Werkstoffen, behandelt ihn die Betriebswirtschaftslehre im Rahmen der Personalwirtschaft.“[70]
Der Begriff des Einkauf im Sinne dieser Arbeit soll als die Bereitstellung von Waren, Dienstleistungen und Anlagen verstanden werden. Die Beschaffung von Personal wird im Bereich Personal- und Sozialwesen, die Beschaffung von Kapital im Bereich Finanzwesen, erörtert.

Es ist noch zu erwähnen, dass die Beschaffung von Maschinen und Werkzeugen durch die Herstellung im eigenen Betrieb auch nicht eingeschlossen ist. Ebenfalls außen vor bleiben weitere Aufgaben der Beschaffung wie u. a. Bedarfs- und Beschaffungsplanung, Ermittlung der optimalen Bestell- und Lagermenge. Berücksichtigt werden hingegen die optimale Lieferantenauswahl, Preise und Zahlungsbedingungen sowie der Waren- und Lagereingang und die Eingangs- und Qualitätskontrollen (vgl. auch ROTH (1994), S. 27).

---

[69] WÖHE (1990), S. 509
[70] WÖHE (1996), S. 464

Hauptaufgabe des Einkaufs ist somit die gesamte Durchführung des Beschaffungsvorgangs, von der Bestellung bis zum Wareneingang, bzw. alles was die effektiven eingehenden Leistungs- und ausgehenden Geldströme betrifft.

Spezielle Delikte bezogen auf die Einkaufstätigkeiten sind insbesondere im Zusammenhang mit Korruptions- und Bestechungsdelikten, Fälschung von Rechnungsbelegen oder Veränderung von Wareneingangsbestätigungen zu finden.

4.4.2 Produktion

„Unter Produktion versteht man zuweilen jede Kombination von Produktionsfaktoren. In dieser weiten Definition umfaßt die Produktion den gesamten betrieblichen Leistungsprozeß. Wer dieser Definition folgt, muß alles, was in einem Unternehmen geschieht, als Produktion bezeichnen. (...) Angesichts spezifischer Probleme (...) erscheint es zweckmäßig, den Produktionsbegriff enger zu fassen und ihn auf die betriebliche Leistungserstellung zu begrenzen.“[71]
Der Unternehmensbereich der Produktion beinhaltet somit die gesamten technischen Aspekte der Güter- und Leistungserstellung. Der Produktionsprozess als Güterstrom innerhalb einer Unternehmung beginnt bei Industrieunternehmen mit der Entnahme der Roh-, Halb- und Hilfsfabrikate aus den Lagern. Im eigentlichen Produktionsvorgang werden die Güter und Dienstleistungen mit Hilfe von menschlicher Arbeitsleistung, Maschinen und dem Know-how über Produktionsverfahren erstellt. Damit verbunden ist auch die technische Unterstützung der Produktion und die Verbesserung oder Neuentwicklung von Verfahren oder Produkten.
Nicht einbezogen sind die betriebswirtschaftlichen Entscheidungstatbestände wie die Festlegung des Produktionsprogramms, der zu produzierenden Menge oder des Fertigungstyps (vgl. THOMMEN (1992), S. 83).

Im Produktionsbereich sind speziell Delikte vorwiegend im Zusammenhang mit dem „Entwenden“ von Vorräten, Halb- oder Fertigerzeugnissen sowie sonstigen Waren aus den Lagern zu erwähnen.

4.4.3 Vertrieb

Im Bereich des Vertriebs werden alle Tätigkeiten eingeschlossen, die für den Absatz eines Produktes am Markt relevant sind. Damit verbunden sind auch die Tätigkeiten, die sich mit den effektiven ausgehenden Leistungs- und eingehenden Geldströmen befassen. Der gesamte Absatz beinhaltet u. a. die Verkaufsabschlüsse, die Auftragsbearbeitung, die Verpackung, den Versand, die Bearbeitung von Reklamationen, Garantieleistungen. (vgl. WÖHE (1990), S. 620). Daneben werden auch die Festsetzung der Preise und Konditionen als Aufgabe

[71] WÖHE (1996), S. 463.

des Vertriebs betrachtet. Weitere Aufgaben des Absatzes sind neben der effektiven Veräußerung der Güter und Dienstleistungen das Hervorrufen neuer Bedürfnisse oder das Ändern bestehender Bedürfnisse und die Beeinflussung des Verhaltens der Konkurrenten und Institutionen sowie der Mitarbeiter und Lieferanten zu Gunsten der Unternehmung (vgl. HINTERHUBER (1992), S. 21).

Im Vertriebsbereich sind Analogien zum Einkauf zu erkennen. Auch hier liegen die Delikte oft im Bereich der Vertragsverhandlungen, wo fingierte oder falsche Rechnungspositionen erfasst werden.

4.4.4 Finanzwesen

Die ein- und ausgehenden Geldströme, initiiert von den einzelnen Unternehmensbereichen (z. B. Bezahlung eingekaufter Waren und Dienstleistungen, Auszahlung von Löhnen und Gehältern, Einzahlungen von veräußerten Waren und Dienstleistungen), laufen als Zahlungsverkehr über das Finanzwesen. Sie können sowohl in Form von Bargeld als auch bargeldlos über ein Kreditinstitut oder die Post erfolgen und werden im ersten Fall vom Kassier abgewickelt, im zweiten Fall meist durch den Geschäftsführer oder andere unterschriftsberechtigte Angestellte ausgelöst und durch die Finanzbuchhaltung abgewickelt (vgl. ROTH (1994), S. 28).

Neben der Abwicklung des Zahlungsverkehrs ist die Hauptaufgabe der Finanzbuchhaltung die mengen- und wertmäßige Erfassung und Überwachung der Leistungs- und Geldströme, bzw. die Darstellung der „(...) wertmäßigen Beziehungen der Unternehmung nach außen. (...) Es wird der gesamte Geschäftsverkehr mit Kunden, Arbeitnehmern, Lieferanten, Banken, Staat und anderen Organisationen festgehalten.“[72]

In diesem Bereich lassen sich viele Finanz- und Vermögensdelikte einordnen. Im Finanzwesen besteht eine dauernde Gefahr wirtschaftskrimineller Akte. Jedoch kann hier eine Handlung schwieriger durchgeführt werden als dies z. B. im Einkauf möglich ist, da die Transparenz und Nachvollziehbarkeit relevanter Handlungen etwas leichter aufzudecken ist und meist Spuren hinterlässt.
Die im Finanzwesen zu vermutenden Delikte sind der Art nach meist Finanzierungs- und Vermögensdelikte, wie u. a. Betrugs- und Untreuehandlungen, Kreditbetrüge oder Unterschlagungsdelikte. Auch die Delikte im Zusammenhang mit Bilanzen können hierunter subsumiert werden, wenn sie nicht im Kompetenzbereich der Geschäftsleitung anzusiedeln sind.

[72] THOMMEN (1992), S. 119

4.4.5 Personal- und Sozialwesen

Dem Personal- und Sozialwesen obliegt die Betreuung und Administration des Mitarbeiterbestandes, die Erstellung der Lohnabrechnung, in vielen Fällen insbesondere in mittelständischen Unternehmen, auch die Auszahlung der Löhne. Dem Personal- und Sozialwesen sind auch oft die Verwaltung und die weitere Bearbeitung von Bezügen aus betrieblicher Altersvorsorge (durch z. B. Direktversicherungen, Pensions- und Unterstützungskassen oder Deferred Compensation) zugeordnet.
Die Delikte im Bereich der Beschaffung und Beschäftigung von Personal sind u. a. durch Arbeitsvermittlungsbetrüge, illegale Ausländerbeschäftigung oder Arbeitnehmerüberlassung sowie Betrüge im Zusammenhang mit Sozialversicherungsträgern gekennzeichnet, die jedoch eher Schädigungen bei externen Institutionen erwarten lassen.

4.4.6 Geschäftsleitung

Die Unternehmensführung setzt sich nach ULRICH aus folgenden Stufen zusammen (vgl. ULRICH u. a. (1984), S. 329):

- **Normatives Management**: Festlegen der „Management-Philosophie“: Einstellungen, Werthaltungen, Überzeugungen, nach denen das Unternehmen geführt werden soll;
- **Strategisches Management**: Bestimmen der Ziele und des Leistungspotenzials des Unternehmens;
- **Operatives Management**: Organisation und Lenkung der laufenden Aktivitäten des Unternehmens.

Von der Geschäftsleitung begangene wirtschaftskriminelle Handlungen sind vorwiegend in der operativen Phase zu finden. Diese Phase beinhaltet die eigentliche Ausführung und damit die täglichen Handlungen und Maßnahmen zur Erreichung der in den vorhergehenden beiden Phasen beschlossenen Ziele und Strategien. Die festgelegte Philosophie, die Ziele und das Leistungspotenzial sind allenfalls nicht sinnvoll gewählt zur Erreichung des Unternehmenszweckes, jedoch stellen sie in der Regel keine wirtschaftskriminelle Handlung im Sinne dieser Arbeit dar. Würde die Strategie oder Philosophie mit der Absicht gewählt, der Unternehmung Schaden zu zufügen, würde sie auch als wirtschaftskriminelle Handlung zu bewerten sein, jedoch wäre dies wohl eher die Ausnahme.

Die Geschäftsführung kann als Institution oder als Funktion verstanden werden. Aus institutioneller Sicht werden die mit der Geschäftsführung beauftragten Organe betrachtet, aus funktioneller Sicht beinhaltet die Geschäftsführung dic Tätigkeit als solche (vgl. ZÜND (1984), S. 12) und kann definiert werden als „(...)

Summe der Zielsetzungs-. Organisations- und Kontrollmaßnahmen des Führungsorgans.“[73] Eine so verstandene funktionelle Geschäftsführung wird nicht nur von der obersten Unternehmensleitung, sondern auch von den übrigen Führungskräften einer Unternehmung in ihren einzelnen Bereichen ausgeübt. In der vorliegenden Arbeit ist eine Verwendung des funktionellen Geschäftsführungsbegriffs nicht sinnvoll, da sich Überschneidungen mit den übrigen Funktionsbereichen ergäben. In Abweichung von der bisher verwendeten funktionellen Unterteilung der Unternehmung in einzelne Bereiche soll die Geschäftsführung aus institutioneller Sicht betrachtet werden. Mit dem Begriff „Geschäftsleitung“ werden demnach die mit der obersten Geschäftsführung beauftragten Personen verstanden.

Als Delikte im Bereich der obersten Geschäftsleitung können vornehmlich diese Tatbestände auftreten: Anlagedelikte (z. B. Anlagebetrüge, Wertpapierbetrüge), Insolvenzdelikte (z. B. Bankrott, Insolvenzverschleppung) oder Subventionsbetrüge.

[73] HUPPERTZ (1981), S. 151.

5. EVALUATION WIRTSCHAFTSKRIMINELLER HANDLUNGEN

Bis zu diesem Kapitel wurde der Begriff „wirtschaftskriminelle Handlungen“ als Überbegriff verwendet für eine Fülle von Einzeldelikten mit wiederum fast unendlich vielen Fassetten. Wenige davon wurden explizit genannt oder ausgeführt. In diesem Kapitel wird die Darstellung, Einteilung und Bewertung der Delikte mit Hilfe von Methoden aus dem Risikomanagement vorgenommen, um daraus Ableitungen für deren Bekämpfung und Prävention treffen zu können.

5.1 Begriff und Umfang wirtschaftskrimineller Handlungen

Wirtschaftskriminelle Handlungen, also die „Ausführung von Wirtschaftskriminalität“, können auf vielfältige Weise begangen werden. Auch oft durch Wirtschaftsstrafvorschriften nicht direkt bewertbare Delikte sind aus betriebswirtschaftlicher Sicht von Relevanz, denn den dadurch verursachten Kosten, steht ebenfalls kein ökonomischer Erfolg gegenüber und diese schlagen somit, insbesondere bei den aktuell zu beobachtenden schrumpfenden Gewinnmargen, vollständig auf die Gewinn- und Verlustrechnung des Unternehmens durch.

Wirtschaftkriminalität, damit die Summe jeder einzelnen wirtschaftskriminellen Handlung, wurde als jede „nicht normenkonforme Handlung“ bzw. jedes „nicht normenkonforme Verhalten“ im betrieblichen Umfeld definiert - wobei dies in einer Verletzung von Rechtsnormen, Betriebsnormen, moralischen Normen oder sonstigen Normen liegen kann -, welche, begangen durch eine im Unternehmen beschäftigten Person, eine Schädigung herbeiführt, die sich zum ökonomischen Nachteil des Unternehmens ausgewirkt hat oder auswirken wird, wobei die Nachprüfbarkeit durch unternehmenseigene Möglichkeiten nicht immer gegeben sein muss.

Diese weit gefasste Definition wurde deshalb gewählt, weil möglichst viele Konstellationen von Delikten in den Bewertungshorizont einbezogen werden sollen. Wird Wirtschaftkriminalität in Risikobewertungen aufgenommen, werden dabei jedoch oft nur rein quantitativ messbare Schadenshöhen fokussiert. Die nicht monetär messbaren Größen (wie der häufig in einschlägiger Literatur genannte „Vertrauensschaden“) können in objektiven Bewertungssystemen kaum oder gar nicht eingefangen werden. So liegt die Überlegung nahe, die Risikobewertung anhand subjektiver Wahrnehmungen darzustellen, um sich der Realität damit annähern zu können.

Wichtig bei der Bewertung ist, dass „gesellschaftlich anerkannte Delikte“, also Delikte, die im täglichen Berufsleben zur Normalität gehören (Delikte, die eine hohe Fähigkeit zur Rationalisierung bieten – vgl. auch Kapitel 3.4.1.5), ebenfalls

die Aufmerksamkeit bekommen, wie dies bei Delikten der Fall ist, bei denen hohe (oft existenzielle) Schadenshöhen zu erwarten sind.
Die Bewertung des Themas Wirtschaftskriminalität birgt gerade auch deshalb viele Probleme in sich und wird auch oft in der Betrachtung unternehmerischer Risken vernachlässigt. Jedoch geht von ihnen ein häufig großes Risiko für den Erfolg des Unternehmens aus. Um die erwähnte realitätsnahe Bewertung überhaupt vornehmen zu können, müssen die Delikte aus ökonomischer Sicht zuerst strukturiert werden.

Dazu werden die Delikte in folgende 10 Gruppen zusammengefasst:

- **Leistungsmissbrauch**: Umfasst alle Sachverhalte, in denen Mitarbeiter betriebliche Gegenstände und Leistungen unerlaubt für den privaten Gebrauch nützen.

- **Zeitdiebstahl**: Umfasst alle Handlungen, die unerlaubt vom Mitarbeiter zu privaten Zwecken während der Arbeitszeit ausgeführt werden.

- **Diebstahl**: Hier muss eine Unterteilung in zwei Gruppen erfolgen, um die zu erwartenden Sachverhalte separat betrachten zu können. Es wird unterschieden in „Diebstahl geringwertiger Wirtschaftsgüter (oder Sachen)" und in „Diebstahl von höherwertigen Waren und sonstigem Geschäftseigentum".

- **Computerdelikte**, auch „Cybercrime": Delikte, die mittels Informationstechnologie von Mitarbeitern begangen werden.

- **Dokumentenfälschung**: Umfasst die Sachverhalte, bei denen durch Fälschung von Daten in Dokumenten (z. B. bei Rechnungsprüfungen oder Wareneingangspapieren) dem Unternehmen Nachteile entstehen.

- **Sabotage**: Umfasst Delikte, die von Mitarbeitern (z. B. aus Rache oder Vergeltung) nur ausgeführt werden, um Prozesse zu stören, Produkte zu schädigen oder durch Beschädigungen an Betriebs- und Geschäftseigentum dem Unternehmen anderweitig Schaden zuzufügen.

- **Korruptions- und Bestechungsdelikte:** Umfasst Sachverhalte, die entstehen, wenn durch Erlangung von unrechtmäßigen Vorteilen (Erhalt von Geld, Waren oder Dienstleistungen, die nicht dem Lieferumfang entsprechen) Entscheidungen (z. B. bei der Lieferantenauswahl) für das Unternehmen negativ beeinflusst werden.

- **Verrat von Betriebs- und Geschäftsgeheimnissen**: Umfasst jede Weitergabe von nicht für unternehmensexterne und –interne Dritte bestimmte Information. Eingenommen sind auch die Delikte, bei denen Mitarbeiter im eigenen Unternehmen Betriebsspionage betreiben, um sie an Dritte weiterzugeben.

- **Betrugsdelikte**: Oberbegriff für eine Vielzahl von Delikten. Unter diesem Begriff subsumiert werden u. a. Delikte wie Anlagebetrug, Beteiligungsbetrug, Kreditbetrug, Subventionsbetrug.

- **Vertrauensbruchdelikte**: Oberbegriff für die Delikte im Zusammenhang mit der Veruntreuung und Unterschlagung von Vermögen sowie unrichtige Darstellungen von Vermögensausweisen/Bilanzen durch im Unternehmen beschäftigte Personen.

Die Gruppen wurden sehr allgemein gehalten, um möglichst viele Delikte einbeziehen und darstellen zu können. Die Aufteilung erhebt keinen Anspruch auf Vollständigkeit, da nicht alle Ausprägungsvarianten erschöpfend dargestellt werden können.

5.2 Risikomanagement für wirtschaftskriminelle Handlungen

Da wirtschaftskriminelle Handlungen als Unternehmensrisiko einzuschätzen und anzusetzen sind, können Elemente aus dem Risikomanagement für die Evaluation von Wirtschaftskriminalität herangezogen werden.

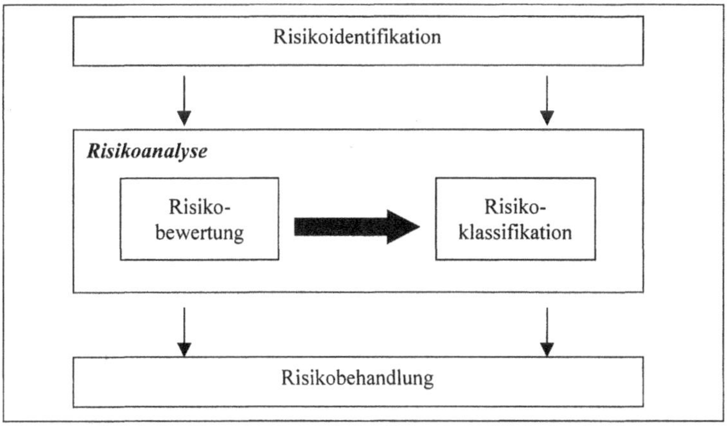

Abb. 13: Darstellung der verwendeten Instrumente aus dem Risikomanagement

Quelle: Eigene Darstellung.

Der Aufbau der nachfolgenden Ausführungen orientiert sich an der Instrumentenpalette des Risikomanagements. So soll zuerst über die Identifikation von Wirtschaftskriminalität nachgedacht werden, um die Erkenntnisse in die eigentliche Risikoanalyse zu überführen, die Bewertung vorzunehmen und daraus eine Klassifikation ableiten zu können. Im letzen Schritt wird die Problembehandlung unter Darstellung der Delikte untersucht (vgl. Abbildung 13).

5.2.1 Risikoidentifikation

Wirtschaftskriminalität identifizieren und aufdecken zu können erfordert viel Erfahrung und wachsame Augen aller Beteiligten. Bei kleineren Delikten ist das Identifizieren kaum möglich, da wenige Anzeichen von Handlungen gegeben sind. Jedoch können bei genauerer Beobachtung von Arbeitsabläufen und Prozessen Aussagen getroffen werden, wie Wirtschaftskriminalität entsteht und durch Sicherheitslücken in Prozessen gefördert wird.

Die Risikoidentifikation im Kontext von Wirtschaftskriminalität soll im Sinne dieser Arbeit zwei Sachverhalte einschließen:

- Die häufig in der einschlägigen Literatur genannte Identifikation von Störfaktoren, deren potenzielle Folgen und die damit einhergehenden Auswirkungen im Gesamtzusammenhang des Unternehmensgeschehens (vgl. u. a. HÄNGGI (1996), S. 103 und HALLER (1986), S. 28) betrachtet werden.
- Ebenso darf bei der Betrachtung wirtschaftskrimineller Handlungen nicht vernachlässigt werden, dass insbesondere auch die Reaktion auf bereits aufgedeckte Delikte als Identifikationspotenzial enorm wichtig ist. Sie können direkt präventiv wirken und somit zur Senkung des Risikos beitragen und die Bewertung beeinflussen.

Für die betriebliche Einsetzbarkeit ist es von Bedeutung, dass die genannten Punkte in einem sich wiederholenden Prozess gesehen werden und somit Anfang und Ende zugleich sind. Es bedarf deswegen einer stetigen Wiederholung der betrachteten Abläufe und Prozesse.

Zur eigentlichen Identifikation von Störfaktoren kann die Problematik zudem im Rahmen von Projekten oder Expertenmeetings unter Betrachtung der eigenen Prozesse anhand von Methoden zur Ideenfindung (z. B. Brainstorming, Methode 635, Risikochecklisten) analysiert werden.

Zur Identifikation durch Aufdeckung müssen möglichst viele Informationen beschafft werden, um daraus Rückschlüsse auf Lücken in den Kontrollprozessen ziehen zu können.

Eine funktionale Aufschlüsselung möglicher Risiken wurde in Kapitel 4.4 bereits vorgenommen.
Wie jedoch können Delikte in den einzelnen Bereichen identifiziert und aufgedeckt werden (vgl. auch ROTH (1994), S. 211)?

Folgende Arten der Information zur Identifikation und Aufdeckung von Wirtschaftskriminalität sind denkbar:

1.) Externe Beobachter:

- **Kunden**: Wirtschaftskriminalität kann z. B. anhand von Reklamationen aufgrund ungerechtfertigter Mahnungen erkannt werden.

- **Lieferanten**: Lieferanten stehen meist in engem Kontakt mit dem Unternehmen und sind damit bei der Identifikation von Wirtschaftskriminalität ein wichtiger Faktor. Dies gilt insbesondere dann, wenn dem Lieferanten Veränderungen im Prozessablauf auffallen.

- **Banken**: Sie überblicken oft einige im Finanzwesen ablaufenden Prozesse, sind häufig auch in die finanzielle Situation des Unternehmens eingeweiht und können somit einen Beitrag leisten, wenn „dubiose" Beträge auftauchen oder verschwinden.

- **Externe Revision**: Im Rahmen des Jahresabschlusses können Ungereimtheiten im Zusammenhang mit Bilanzen sowie den Gewinn- und Verlustkonten aufgedeckt werden.

- **Unternehmensberater**: Sie können mit dem externen Blick dazu beitragen, untransparente Prozesse zu erhellen und Probleme darzulegen.

2.) Interne Beobachter:

- **Geschäftsleitung**: Wirtschaftskriminalität kann identifiziert werden durch Prüfungen der Entwicklung der Geschäftstätigkeit durch die Geschäftsleitung anhand der Liquiditätslage, des Umsatzes, des Jahresabschlusses, Unternehmenskennziffern usw.

- **Mitarbeiter**: Die Mitarbeiter spielen eine zentrale Rolle bei der Identifikation von Wirtschaftskriminalität, da sie in die einzelnen Prozessen involviert sind und somit einen Überblick darüber bekommen, wo Delikte vorkommen oder vorkommen könnten. Möglichkeiten, wie Mitarbeiter

bei der Aufdeckung und Identifikation von Delikten und deren Risiken mitwirken können sind vielfältig.
Oft handelt es sich dabei um im Arbeitsablauf eingebaute Kontrollhandlungen, die die Arbeit des Vorgängers oder des Kollegen überprüfen. Auch bei Ferienabwesenheit, Vertretungen oder Stellenwechseln sind Delikte aufzuspüren.

- **Interne Kontrollen** (insbesondere interne Revision): Bei der Untersuchung von ROTH zur Aufdeckung von Wirtschaftskriminalität aus dem Blickwinkel interner Kontrollmöglichkeiten ergab sich, dass fasst die Hälfte der betrachteten Fälle durch Kontrollhandlungen hätte aufgedeckt werden können (vgl. ROTH (1994), S. 212).

3.) Zufall:

Die groteske Anmutung, die durch den Begriff „Zufall“ im Zusammenhang mit Identifikations- oder Aufdeckungsmöglichkeiten verbreitet wird, spiegelt wider, wie selten dieser Fakt in die Überlegungen einbezogen wird. „Mehr Glück als Verstand. So könnte man das Prinzip umschreiben, mit dem wirtschaftskriminelle Handlungen in deutschen Unternehmen oftmals aufgedeckt werden. In einer Vielzahl der Fälle ist es „Kommissar Zufall“, der eine entscheidende Rolle spielt (...).“[74] ERNST & YOUNG ermittelte den Zufall als Aufdeckungsmöglichkeit Nummer zwei. Die WIRTSCHAFTSWOCHE betitelt ihren Artikel zu diesem Thema mit eben diesem „Kommissar Zufall“ (vgl. GREENE (2003), S. 94). Gewaltige 53 % der Fälle werden nur durch Zufall aufgedeckt und als wirtschaftskriminelle Handlung erkannt. Auch die Vorgängerstudie, die von ERNST & YOUNG initiiert wurde, ergab ähnliche Ergebnisse (vgl. ERNST & YOUNG (2003), S. 16). Damit kommt dem Zufall eine gleichbedeutende Rolle wie allen anderen Möglichkeiten zu.
Auch bei der Untersuchung von KPMG konnte der Zufall mit ähnlich hoher Aufdeckungsrate identifiziert werden. Mit 44 % liegt der Zufall hier als Aufdeckungsmechanismus auf Platz 2 und ist damit gleichbedeutend wie „Funktionstests im internen Kontrollsystem“ sowie die mit 43 % festgestellten Informationen durch Unternehmensinterne (vgl. KPMG (2003), S. 15).

Wurde die Risikoidentifikation erfolgreich abgeschlossen, müssen die identifizierten Objekte analysiert, bewertet und klassifiziert werden. Die abschließende Ableitung von Präventions- und Bekämpfungsmöglichkeiten wird nachfolgend noch intensiver erörtert und bildet damit das Ende des Risikomanagementprozesses.

[74] ERNST & YOUNG (2003), S. 16.

5.2.2 Risikoanalyse

Der zweite Schritt nach der Risikoidentifikation ist bezeichnet mit dem Begriff der Risikoanalyse. Damit werden zwei Sachverhalte zusammengefasst, die als Grundlage für die Behandlung des Risikos herangezogen werden. Zum Einen handelt es sich um die Bewertung des Risikos (Risikobewertung) und zum Anderen um die Klassifikation (Risikoklassifikation).

Die Risikoanalyse wird häufig bei der Bewertung von Investitionsvorhaben angewendet und „(...) untersucht die Risikostruktur der Ergebnisgröße. Mit Hilfe der Risikoanalyse soll durch kombinierte Variation der Inputgrößen eine Wahrscheinlichkeitsverteilung der Ergebnisgröße ermittelt werden."[75] WÖHE verwendet bei der Investitionsplanung die Größen „relative Eintrittswahrscheinlichkeit" und „erwarteter Kapitalwert" (vgl. WÖHE (1996), S. 783).
Für die Bewertung von Wirtschaftskriminalität müssen die Faktoren zwar leicht angepasst werden, können dann aber ebenfalls etwas über die Risikoverteilung aussagen und lassen im zweiten Schritt der Risikoanalyse auch eine Klassifikation zu.

5.2.2.1 Risikobewertung

SCHWEINGRUBER verwendet z. B. bei der Risikofinanzierung die Faktoren „Eintrittswahrscheinlichkeit" und „quantitative Schadenshöhe" (vgl. SCHWEINGRUBER (2000), S. 15 und LÖW (2002), S. 228).

Häufig wird das Risiko durch den weit verbreiteten mathematischen Ansatz definiert (vgl. u. a. MUSCHICK & MÜLLER (1987), S. 108 und BECHMANN (1993), S. 240). Dabei wird als Risiko das Produkt aus dem Ausmaß des Ereignisses, wobei darunter Schaden- oder Gewinnhöhen verstanden werden können (vgl. HÄNGGI (1996), S. 58) und dem Grad für die Möglichkeit seines Eintretens angenommen.

Die Bewertung des Risikos durch wirtschaftskriminelle Handlungen im Sinne dieser Arbeit wird um die Schadensqualität erweitert und aus der wahrgenommenen Beziehung von

- Eintrittswahrscheinlichkeit und
- zu erwartender Schadenshöhe – quantitativ und qualitativ –

hergeleitet. Da insbesondere auch qualitative Schäden bewertet werden sollen, die nicht in monetäre Einheiten umgerechnet werden können, wird auf die Ver-

[75] WÖHE (1996), S. 782.

wendung eines mathematischen Operators bewusst verzichtet. Die visualisierte Darstellung erfolgt anhand eines Portfolios mit den oben genannten Bedingungsfaktoren.

Um die Delikte weiter strukturieren und verdichten zu können, werden die 10 Gruppen nun in die eigentliche Risikoanalyse überführt. Jede Deliktgruppe wurde einzeln auf die beiden Risikobewertungsfaktoren geprüft und in einem Portfolio festgehalten (vgl. Abb. 14).

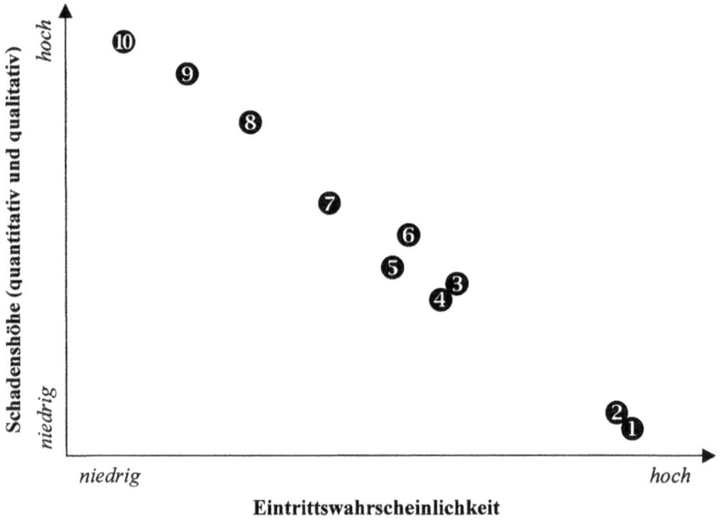

Abb. 14: Portfolio zur Darstellung des Risikos durch Wirtschaftskriminalität

Quelle: Eigene Darstellung.

Die im Portfolio verwendeten Symbole sind den 10 Kategorien wie folgt zugeordnet:

❶ Leistungsmissbrauch
❷ Zeitdiebstahl
❸ Diebstahl
❹ Computerdelikte
❺ Sabotage
❻ Dokumentenfälschung
❼ Korruptions- und Bestechungsdelikte
❽ Verrat von Betriebs- und Geschäftsgeheimnissen
❾ Betrugsdelikte
❿ Vertrauensbruchdelikte

Mit der dargestellten Beziehung der 10 Deliktgruppen kann bereits visuell verdeutlicht werden, wie
hoch die einzelnen Risiken tendenziell zu erwarten sind. Um Rückschlüsse und Ableitungen vornehmen zu können, wird anschließend die erwähnte Klassifikation vorgenommen.

5.2.2.2 Risikoklassifikation

Um eine Risikoklassifikation analytisch durchführen zu können, werden die im Portfolio (vgl. Abbildung 14) eingetragenen Deliktgruppen in eine 9-Felder-Matrix überführt, um die Verteilung besser darstellen und erste Ableitungen vornehmen zu können.

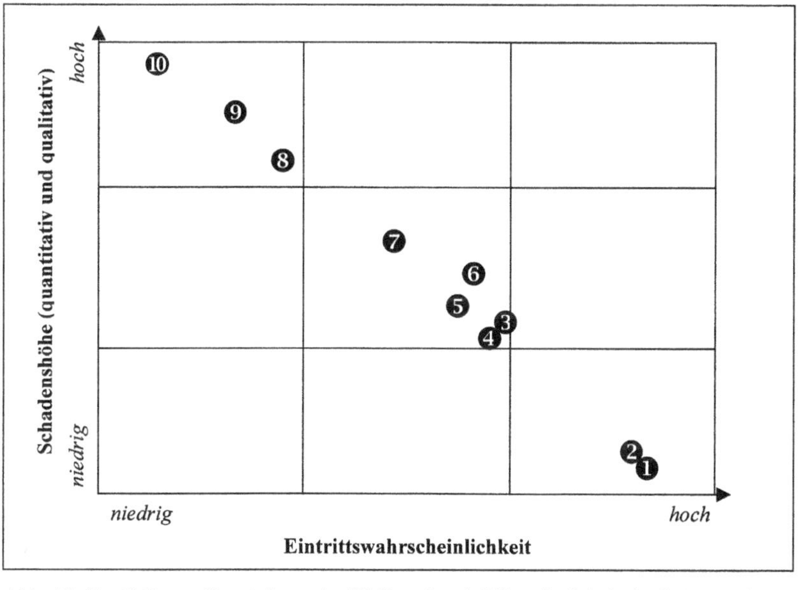

Abb. 15: Portfolio zur Darstellung des Risikos durch Wirtschaftskriminalität erweitert um die 9-Felder-Matrix

Quelle: Eigene Darstellung.

Wird nun die Verteilung der als 9-Felder-Matrix in Abbildung 15 dargestellten Delikte näher betrachtet, lässt sich ein Muster erkennen, welches nur durch drei Ausprägungen gekennzeichnet ist. Zum Einen kann Delikten tendenziell eine

hohe Eintrittswahrscheinlichkeit zugeordnet werden, wobei jedoch deren zu erwartender Schaden sehr niedrig ausfällt (eindeutig erkennbar bei ❶ und ❷).
Zum Anderen stellt sich dies im Gegenteil dar, wo Schadenshöhen (insbesondere qualitative Schäden) als hoch und deren Eintretenswahrscheinlichkeit als eher niedrig einzuschätzen sind (umfasst ❽, ❾ und ❿).
Die verbleibenden fünf Kategorien sind der dritten Ausprägungsart zuzuordnen. Hierbei handelt es sich somit um Delikte, deren Eintretenswahrscheinlichkeiten und Schadenshöhen im mittleren Bereich beider Faktoren einzustufen sind.
Es wird nun als sinnvoll erachtet, diese „natürliche" Klassifikation beizubehalten und die Delikte dieser Vorgabe entsprechend weiter zu verdichten. Die ermittelten drei Kategorien werden zu Vereinfachung in „Grade" eingeteilt, wobei die erste Ausprägung (hohe Eintrittswahrscheinlichkeit – niedrige Schadenshöhe) auch als „Wirtschaftskriminalität 1. Grades" verstanden werden soll. Zweitgenannter Ausprägung (niedrige Eintrittswahrscheinlichkeit - hohe Schadenshöhe) wird der „Wirtschaftskriminalität 3. Grades" zugeordnet. Die verbleibenden Delikte des mittleren Bereichs gelten demnach als unter dem Begriff der „Wirtschaftskriminalität 2. Grades" subsumiert.

Nachfolgend werden die drei Kategorien mit den Einzeldelikten näher erläutert.

1.) Wirtschaftskriminalität 1. Grades

❶ Leistungsmissbrauch

Leistungsmissbrauch und Zeitdiebstahl sind oft verknüpft. Leistungsmissbrauch bezieht sich dabei auf die Benutzung von Betriebseigentum für Privatzwecke. In der gegenwärtigen Diskussion steht immer noch die Benutzung des Internets für private Angelegenheiten. Einen regelrechten Boom haben so genannte Internetauktionshäuser ausgelöst. So fällt es oft schwer, Informationen über zu Versteigerndes und zu Ersteigerndes am heimischen Computer einzutragen bzw. abzufragen, da hier insbesondere Aktualität gefragt ist, um im letzten Moment den Zuschlag zu bekommen.

Auch die Benutzung des Internets für Shoppingtouren oder sonstige Dienstleistungen, wie z. B. E-Mail, wird häufig proklamiert. Die Kosten halten sich angesichts der häufig in Unternehmen verbreiteten Flatrates - also Internetverbindungen, die unabhängig von Datenvolumen oder Benutzungszeit als periodenabhängiges Fixum anfallen - in überschaubaren Grenzen.

Ähnliches gilt auch für die Benutzung von Telekommunikationseinrichtungen (wie z. B. Telefon, Fax) für private Zwecke. Jedoch muss hier beachtet werden, dass Gespräche, vor allem jene ins Ausland, deutliche Schäden verursachen können. Meist ist eine Gebietseinschränkung nicht möglich, da sie für den Kundenkontakt schädlich wären.

Fallbeispiel:

Ein Arbeitnehmer klagte gegen eine außerordentliche Kündigung durch den Arbeitgeber in vorliegendem Fall:

„Der Kläger war bei der beklagten Immobiliengesellschaft als Organisator beschäftigt. Er war Mitglied des Betriebsrats. Zwischen März und Mai 2002 führte der Kläger, ohne dass die Beklagte davon wusste, von Dienstanschlüssen private Telefongespräche nach Mauritius (über 18 Stunden, Kosten 1.355,76 Euro). Die Beklagte, die anfangs einen anderen Arbeitnehmer verdächtigt hatte, kündigte mit Zustimmung des Betriebsrats das Arbeitsverhältnis mit dem Kläger fristlos.

Der Kläger hält die Kündigung für unwirksam. Ein wichtiger Grund liege nicht vor. Außerdem sei dem Kündigungsschreiben die Zustimmungserklärung des Betriebsrats nicht in schriftlicher Form beigefügt gewesen, was er unverzüglich gerügt habe. Arbeitsgericht und Landesarbeitsgericht haben die Klage abgewiesen. Die Revision des Klägers blieb vor dem Bundesarbeitsgericht erfolglos."[76]

Das Bundesarbeitgericht wies die Klage mit der Begründung ab, dass unerlaubt und auf Kosten des Arbeitgebers geführte Privattelefonate eine außerordentliche Kündigung rechtfertigen (vgl. BUNDESARBEITSGERICHT (2004), o. S.).

Der dargestellte Fall macht deutlich, welche Schäden daraus entstehen können, wenn „alltägliche" Regelüberschreitungen begangen werden. Hierbei handelt es sich zwar um einen sehr hohen Betrag, doch zu bedenken gilt es, dass sich auch kleinere Beträge über die Menge zu größeren Schäden kumulieren können.

Als weiterer Fall soll noch erwähnt werden, dass Geschäftsfahrzeuge, die nicht für die private Nutzung freigegeben wurden, für Privatfahrten genutzt werden. Häufig natürlich dort zu finden, wo Mitarbeiter für betriebliche Prozesse das Betriebsgelände verlassen müssen, also z. B. im Außendienst (Vertrieb, Montage).

Abschließend kann hier, ähnlich wie beim Zeitdiebstahl, die Bewertung anhand des Menschenverstandes geführt werden. Kleine „Verstöße" sind insoweit tolerabel, dass im Durchschnitt die Kosten etwa dem Nutzen gleichstehen.

[76] BUNDESARBEITSGERICHT (2004), o. S.

❷ Zeitdiebstahl

Der wie ein Modewort klingende Ausdruck ist leider eine sehr wahrscheinliche Form der Wirtschaftskriminalität. Bei der Bewertung muss jedoch besonders behutsam vorgegangen werden, da hier eine Handlung vorliegt, die von tolerierbar bis schädlich einzustufen ist. Zeitdiebstahl umfasst private Handlungen, die während der Arbeitszeit vorgenommen werden.
Zu nennen sind dabei u. a. das Verfassen privater Dokumente, Nutzungszeit des EDV-Systems für private Zwecke, unrechtmäßige Pausen (Länge und Häufigkeit) oder Erledigung privater Dinge während der Arbeitszeit sowie „kreative Zeiterfassung".
Auch wenn all jene dieser Gruppe zuordenbaren „Delikte", trivial gesprochen, als selbstverständlich angesehen werden, sind sie, insbesondere wegen der anzunehmenden hohen Eintrittswahrscheinlichkeit, gesondert zu erwähnen. Die ökonomischen Nachteile für das Unternehmen werden in keiner Statistik auszuweisen sein. Jedoch muss gesehen werden, dass die Standortfaktoren in Deutschland, insbesondere die Löhne und Lohnnebenkosten, einen deutlichen Anteil am Unternehmenskostenblock haben. Dementsprechend hoch können die Schäden durch Zeitdiebstahl bewertet werden.
Die beiden erst genannten Beispiele stehen oft auch im Zusammenhang mit der Gruppe Leistungsmissbrauch, da z. B. bei der privaten Nutzung der Dienste von Internetauktionshäusern auch Einrichtungen des Betriebes (z. B. PC, Internetverbindung) mit „Zeitkosten" belegt sind. Unter unrechtmäßiger Pausengestaltung ist nicht eine akribische Pünktlichkeit zu verstehen, wobei durchaus Fälle auftreten können, in denen die Summe der „Pausenzeiten" die eigentliche Arbeitszeit übersteigt.
Auch über Fälle im Bereich der Zeiterfassung muss an dieser Stelle nachgedacht werden. Missbrauch von Zeiterfassungseinrichtungen (z. B. Stempelkartensysteme) sind in unterschiedlichen Formen anzutreffen.
Es könnten z. B. Zeiten gestempelt werden, die nicht zur Arbeitszeit gerechnet werden (u. a. Kleidungswechsel bei Arbeitsbeginn oder -ende). Gestempelt werden könnten auch Zeiten von Personen, die nicht oder nicht mehr im Betrieb anwesend sind. Hier spielt dann bereits Dokumentenfälschung eine Rolle.

Fallbeispiel:

Ein in Wien ansässiger Verkehrsbetrieb betreut ein Liniennetz mit ca. 300 Bussen. Es besteht eine betriebseigene Werkstätte für die Instandhaltung der Busse. Der Unternehmer beschließt zur Verbesserung des Betriebsklimas, den Mitarbeitern die Werkstatt zur Reparatur des eigenen Wagens nach der Arbeitszeit zur Verfügung zu stellen (vgl. SISKA (1996), S. 94).

Der Zeitdiebstahl stellte sich dann wie folgt dar: „Die Arbeiter kamen meistens nicht mit ihrem eigenen PKW in die Werkstätte, sondern mit ständig wechselnden PKW ihrer Freunde und Bekannten. Hier führten sie (...) Ölwechsel, Bremsservice und andere Reparaturarbeiten durch, und zwar nicht nur nach, sondern auch während der Arbeitszeit.“[77]

Zeitdiebstahl lässt eine hohe Fähigkeit zur Rationalisierung zu, da die Kontrollorgane (z. B. Vorgesetzte) den Delikt als solches nur schwer belegen können. So wurde im Gespräch nach der Aufdeckung im konkreten Fall angemerkt, „es würde keinen Unterschied machen, ob sie ihr eigenes Fahrzeug, oder das von Freunden warten würden. (...) Da es im Betrieb auch immer wieder Leerläufe gäbe, wäre es möglich gewesen diese Arbeiten in die Arbeitszeit einzuschieben.“[78]

Um Zeitdiebstähle bewerten und insbesondere sanktionieren zu können, müssen dann Regelungen getroffen werden, wenn Extremfälle auftreten. Hier wird in Unternehmen auch nicht überreagiert, da bekannt sein müsste, dass der Faktor Mensch einem gewissen Ermüdungsgrad unterliegt und somit auch durch Konversationen oder kurze Pausen seine Leistungsfähigkeit zu regenerieren versucht.
Betriebswirtschaftlich ist dies immer dann problematisch, wenn die erwartete neue oder erhöhte Leistungsfähigkeit nicht eintritt und die Produktivität damit nicht steigt – bei „Manipulation“ von Zeiterfassungseinrichtungen zum Beispiel. Hierbei handelt es sich dann um ein Delikt, das bei häufigem Vergehen durchaus eine massive Schädigung des Unternehmens darstellen kann. Ein Nutzen ist dem Schaden nicht gegen zu rechnen.

Für „in der Norm“ liegende Abweichungen sind in Arbeitsverträgen oft Formulierungen bewusst so gewählt, dass die Möglichkeit besteht, jeden Einzelfall explizit zu prüfen: „... erlaubt, soweit der Betriebsablauf nicht gestört wird...“, „...wenn es die Betriebsabläufe zulassen...“. Damit wird die Waage zwischen strikter Normenkontrolle und Vertrauensbasis wohl am Besten gehalten.

2.) Wirtschaftskriminalität 2. Grades

❸ Diebstahl

Mit Diebstahl ist der erste direkt juristisch zu bewertende Sachverhalt der vorliegenden Arbeit bezeichnet. Wirtschaftskriminalität in seinen sonstigen Ausprägungen ist jedoch meist verstreut in unterschiedlichsten Rechtsnormen angesiedelt. Bei der Bewertung von Diebstahldelikten befindet man sich juristisch im

[77] SISKA (1996), S. 94.
[78] SISKA (1996), S. 94 f.

neunzehnten Abschnitt des deutschen Strafgesetzbuches (StGB) und den §§ 242 ff.

Es lässt sich vermuten, dass Diebstähle mit einer hohen Eintrittswahrscheinlichkeit belegt sind. Auch die Wirtschaftsprüfungsgesellschaft ERNST & YOUNG konnte diese Vermutung bei einer Befragung von gut 200 größeren Unternehmen feststellen. „Diebstahl und Unterschlagung kommen am häufigsten vor.“[79] So wurden in der Umfrage 2003 Diebstahl und Unterschlagung mit 69 % der aufgedeckten Delikte in deutschen Großunternehmen angegeben. Im Jahre 2000 waren es im Vergleich nur etwa 42 % (vgl. ERNST & YOUNG (2003), S. 15 und GIERSBERG (2003), o. S.). Auch in der Betrachtung der Einzeldelikte wird deutlich, dass nicht nur allgemein ein Anstieg wirtschaftskriminellen Verhaltens zu beobachten ist. Mit über zwei Drittel der Fälle dürfte wohl dieser Bereich einen zentralen Betrachtungspunkt im Risikomanagement darstellen.
„In jeder Minute ereignen sich in Deutschland durchschnittlich 18 Diebstähle in Büro-, Geschäfts- oder Fabrikräumen, in Kreditinstituten, Warenhäusern, Gaststätten und Hotels. Daraus folgt, daß theoretisch alle drei Sekunden ein solcher Diebstahl angezeigt wird.“[80] Es muss jedoch bemerkt werden, dass auch Diebstähle insbesondere durch Dritte in die Berechnungen eingegangen sind. „Für Sicherungsmaßnahmen gibt die Wirtschaft zusätzlich 1,5 Milliarden Euro aus. Das ist dem Jahresbericht der Arbeitsgemeinschaft für Sicherheit der Wirtschaft (ASW) zu entnehmen, einer gemeinnützigen, von den Spitzenverbänden der Wirtschaft getragenen Organisation.“[81]

Für die ökonomische Evaluation bedarf es jedoch mehr als den Sachverhalt den §§ 242 ff. StGB zuzuordnen und zu bewerten. Diebstahl ist zwar in jeder Ausprägung sehr schädlich für das betroffene Unternehmen, es bleibt aber nicht aus, die Sachverhalte in zwei Gruppen zu unterteilen, da Diebstähle von Büromaterial (Stifte, Papier, Locher etc.) von z. B. Diebstählen aus Lagern getrennt betrachtet werden sollen.
Es ergibt sich hier aber die Problematik der Einteilbarkeit. Wann liegt ökonomisch Geringfügigkeit vor? Welcher feste Geldbetrag kann für die Bewertung herangezogen werden?

Aus den steuerrechtlichen Vorschriften ist eine Grenze bekannt, wie mit Geringwertigkeit umzugehen ist. So werden z. B. nach dem Einkommensteuergesetz abnutzbare bewegliche Wirtschaftsgüter mit Anschaffungs- oder Herstellkosten $\leq$ 410 € als geringwertig angesetzt (vgl. § 6 Abs. 2 Satz 1 EStG in Verbindung mit R 40 EStR).

---

[79] GIERSBERG (2003), o. S.
[80] WELTER (2002a), o. S.
[81] WELTER (2002a), o. S.

Für die Bewertung von Wirtschaftsgütern und die Heranziehung einer fixen Grenze unter dem betriebswirtschaftlichen Blickwinkel der Wirtschafskriminalität kann wohl kaum ein konkreter Betrag gefunden werden, der Tolerierbarkeit und Straffälligkeit trennt. Dazu ist jeder Einzelfall zu verschieden. Hin und wieder wird in solchen Diskussionen der Terminus „haushaltsübliche Menge" verwendet. So wäre das tolerierbar, was die haushaltsübliche Menge überschreitet. Diese Bewertung ist jedoch höchst subjektiv vom Entscheidungsorgan festzulegen. In vielen internen Verhaltensanweisungen wird, wie auch z. B. bei der Schädigung durch Korruptionsdelikte, von 20 € bis 50 € ausgegangen. Dies dürfte zumindest eine angemessene Größenordnung darstellen.

Die Trennung der beiden Gruppen soll anhand weicher Kriterien erläutert werden. So können zu den geringwertigeren Diebstählen alle Delikte gezählt werden, die mit dem Arbeitsumfeld, in dem ein Mitarbeiter „lebt", zusammenhängen. Gemeint sind damit Sachverhalte, in denen der Mitarbeiter in „Tauschhandlungen" agiert. Er bringt z. B. seine eigenen Schreibutensilien von zu Hause mit, um damit die Arbeit effizienter verrichten zu können (z. B. eigener und vertrauter Taschenrechner). Im „Gegenzug" begeht er einen Diebstahl (angenommen in gleichem Gegenwert) an Papier, Stiften oder Radiergummis. Juristisch greifen wieder die Vorschriften des Strafgesetzbuches, da eine fremde bewegliche Sache weggenommen wurde, jedoch ist ökonomisch kein Schaden entstanden. Gleiche Sachverhalte sind wohl zu tausenden denkbar. So wird im Gegenzug vielleicht vom Mitarbeiter eine Geschäftsfahrt mit dem eigenen privaten PKW unternommen, die nicht buchhalterisch erfasst und zu Gunsten des Mitarbeiters verbucht wird.

Da im betrieblichen Alltag viel gegenseitiges Miteinander gefordert ist, um am Wettbewerb erfolgreich Teil haben zu können, ist hier genaues Abwägen der Einzelumstände für die Bewertung essentiell. Auch kann in genannten Fällen der Vertrauensschaden als sehr gering bis nicht existent eingeschätzt werden. Langjährige und vertrauensvolle Mitarbeiter sind für das Unternehmen, unter dem Begriff des „Humankapital" zusammengefasst, auch wenn sie solche Delikte begehen, oft überlebensnotwendig und können mit ihrem Wissen, ihrer Kompetenz und Erfahrung nur schwer in Geld aufgewogen werden.
Es muss jedoch ebenfalls eindringlich darauf hingewiesen werden, dass alle nicht wie oben erklär- und tolerierbaren Sachverhalte Straftaten darstellen und hohen Schaden für das Unternehmen nach sich ziehen können. Insbesondere dann, wenn diese mit hoher krimineller Energie (z. B. von langer Hand geplant, mit Deckung aus der/den Führungsebene/n etc.) begangen wird.

Ein aktueller Fall des Computerkonzerns Hewlett-Packard Deutschland zeigt dies deutlich.

Fallbeispiel:

Dreist und professionell gingen einige Mitarbeiter von Hewlett-Packard Deutschland vor. „Mitarbeiter in der Fertigung (...) hatten Computerchips von Festplatten heruntergelötet und diese als neue Bauelemente verkauft. Erst als die teuren Speichermodule auf dem Weltmarkt angeboten wurden und ein Kunde die Firma darauf aufmerksam machte, bemerkte Hewlett-Packard den Verlust und erstattete Anzeige."[82] *Der ökonomische Schaden dieses Falles liegt natürlich deutlich höher als bei den oben genannten „kleineren" Delikten.*

Auch im zweiten Fallbeispiel wurde der Diebstahl von mehreren im Unternehmen beschäftigten Personen begangen und ähnlich dreist ausgeführt. Hier jedoch soll zusätzlich darauf hingewiesen werden, dass derartige Delikte nicht nur auf namhafte Großkonzerne begrenzt sind, sondern ebenfalls in mittelständischen oder kleineren und weniger bekannten Unternehmungen als regionales Problem auftreten können.

Fallbeispiel:

Vom 28. Mai 2001 bis zum 26. Juni 2002 hatten zwei Mitarbeiter der in Tübingen (Baden-Württemberg) ansässigen Firma Transtec regelmäßig Computerzubehör aus den Beständen entwendet. Das Diebesgut, u. a. Grafikkarten, Prozessoren, Monitore, Kabelstecker, Festplatten, CD-Brenner usw., wurde vor Gericht auf einer fünfeinhalbseitigen Inventarliste aufgeführt, wobei die „preiswerteste" Posten mit 1,25 € notiert war, die teuerste mit 4.776,25 €.
Um die gestohlene Ware über das Internetauktionshaus EBAY verkaufen zu können, wurde eigens dafür ein Sparbuch eröffnet, wo Kunden den Schnäppchenpreis überweisen konnten, bevor die Ware nach dem Verpacken im gesamten Bundesgebiet distribuiert wurde. Der auf dem Sparbuch eingegangene „Gewinn" belief sich auf insgesamt 27.815 €. Bei den Tätern wurden noch Lagerbestände von insgesamt 38.640 € sichergestellt.
Ende 2001 wurde durch einen anderen Mitarbeiter auf ähnlichem Wege der Firma ein monetärer Schaden von rund 105.000 € zugebracht. Erst dann wurde damit begonnen über Zugangskontrollen zum Lager nachzudenken.
Die beiden „EBAY-Verkäufer" wurden zu milden Haftstrafen verurteilt. Der Richter begründete sein Urteil mit der Mitschuld des Unternehmens. Dies habe durch Sorglosigkeit den Dieben die Gelegenheit unterbreitet (vgl. BISCHOFF (2003), o. S.).

Dies sind nur zwei Fälle von vielen und sollen deshalb stellvertretend für alle anderen Arten stehen. Aber es macht deutlich, wie professionell und geplant vorgegangen wird, um eigene Vorteile zu Lasten des Unternehmens zu nutzen.

[82] BURSEG (2000), o. S.

Besonders gravierend sind die Folgen dann, wenn, wie im Fall von Hewlett-Packard, ganze Gruppen von Mitarbeitern beteiligt sind. Es lässt sich erkennen, dass die Verbundenheit der Mitarbeiter mit den Unternehmen und die Gesamtkohäsion bedenklich stark sinkt.

❹ Computerdelikte

Der so genannte „Cybercrime" umfasst nach der Definition von PRICEWATERHOUSECOOPERS „Wirtschaftskriminelle Handlungen mittels Informationstechnologie (inkl. Vireninfektion, Hacker, Diebstahl von Vermögen oder Missbrauch durch Beschäftigte"[83]. Cybercrime wurde von 13 % der von wirtschaftskriminellen Handlungen betroffenen Unternehmen angegeben. Diese Deliktsform wird als akute Bedrohung und nicht mehr als zukünftiges Problem bewertet. Ein Auseinanderklaffen von Einschätzung und tatsächlicher Verbreitung ist hier sehr deutlich zu erkennen, da die genannten 13 % nur auf 6 % eingeschätzt wurde. Werden diese Angaben von der europäischen Ebene auf regionale Ergebnisse zentriert, wird der Unterschied etwas relativiert. Der Anteil von Computerdelikten wurde in Deutschland auf 8,6 % geschätzt, wobei der tatsächliche Anteil mit 10,6 % beziffert wird (vgl. PRICEWATERHOUSECOOPERS (2001), S. 12).
Die mit Informationstechnologie begangenen Delikte werden auch bei der Studie von ERNST & YOUNG gewürdigt. Die hier ermittelten Daten weichen leicht von den bei PRICEWATERHOUSECOOPERS genannten ab. Es wird unter der Kategorie der „IT-Delikte" zusammengefasst.
Die Daten von KPMG lassen sich etwas schwieriger übertragen, da die Deliktgruppen wiederum andere Faktoren in die Definition aufnehmen. „Datenbeschädigung, Sabotage, Hacking" wird als Position mit 31 % angeführt. Die Position „eKriminalität", welche als Subsumtion der Begriffe „Betrug im Internet" und „eCommerce" verstanden wird, tritt dagegen nur mit 15 % auf.

Insgesamt ist die Bewertung von Computerdelikten, insbesondere bezogen auf Mitarbeiter, schwierig. Die von PRICEWATERHOUSECOOPERS ermittelten Daten zeigen aber, dass auch hier ein großes und vor allem in Zukunft wachsendes Risiko entsteht.

❺ Sabotage

Hierunter werden alle Sachverhalte subsumiert, bei denen das Verhalten des Mitarbeiters darauf gerichtet ist, ob z. B. aus Rache oder Vergeltung, das Unternehmen zu schädigen. Weniger wahrscheinlich sind dabei Fälle, bei denen Produktionslinien sabotiert werden. Jedoch ist es nicht unbekannt, dass bei einer

[83] PRICEWATERHOUSECOOPERS (2001), S. 28.

Reizung von Stimuli aus bestimmten Motiven Gefühle entstehen können, die sich in schädigenden und oft auch aggressiven Aktionen entladen.

Fallbeispiel:

„Regelmäßige und systematische Beurteilung von Mitarbeiterleistung ist einer der wesentlichen Erfolgsfaktoren der Unternehmensführung. Gut geführte Mitarbeitergespräche sind hierfür das A und O. Im Idealfall steigern sie die Motivation und damit die Leistung für das Unternehmen und verbessern (...) das Verhältnis zwischen Mitarbeiter und Führungskraft. Die Realität sieht jedoch häufig anders aus. (...) Die Aufgabe, auch kritische Inhalte im Mitarbeitergespräch erfolgreich zu transportieren, ist keine einfache. So kommt es beispielsweise zu Aussagen wie 'Du bist nun mal wenig durchsetzungsstark, da lässt sich kaum etwas dran ändern.'“[84] Ein solches Verhalten kann kaum positive Impulse geben. Das Spannungsverhältnis zwischen Mitarbeiter und Unternehmen ist gestört.

Ein Mitarbeiter wird im Rahmen eines Mitarbeitergesprächs in das Büro seines Vorgesetzten bestellt. Im Laufe des Gesprächs werden negative Punkte besprochen, die den Mitarbeiter kränken und zugleich wütend machen. Nach Beendigung des Gesprächs verlässt der Mitarbeiter wortlos das Büro des Vorgesetzten und begibt sich direkt in die Montagehalle an seinen Arbeitsplatz. Dort verwüstet er seinen Arbeitsbereich und bringt mit einem kräftigen Tritt einen auf Paletten gestapelten Warenturm zum Umfallen. Eingeteilt für die Kontrolle der Betriebsfähigkeit aller Flurförderfahrzeuge (mehrere Gegengewichts- und Hochregalstabler mit größeren Wert) seines Bereichs, ignoriert er über längere Zeit aus Rache für die schlechte Bewertung die Betriebsvorschrift, vor Dienstbeginn die Batterien dieser Geräte mit destilliertem Wasser zu befüllen. Einige Fahrzeuge mussten mit Batteriedefekt zur Reparatur gebracht werden. Es entstand ein hoher Sachschaden.

Solche Verhaltensweisen können aus den unterschiedlichsten Gründen auftreten (vgl. auch Kapitel 3.4.1.3). Sabotageakte werden u. a. aus Rache, Frustration oder Langeweile begangen. „Mutwillige Zerstörungen, Diebstahl oder Unterschlagungen kosten deutsche Unternehmen nach Schätzungen von Wirtschaftsverbänden jährlich etwa 18 Milliarden Euro. Was treibt Saboteure an?“[85] AMBROSE, SEABRIGHT & SCHMINKE haben in ihrer Untersuchung herausgefunden, dass bei 80 % aller Sabotageakte das Motiv „ungerechte Behandlung“ angeführt wurde. Gründe können darin gesehen werden, dass nicht angemessen bezahlt oder gewürdigt wird bzw. dass sich Mitarbeiter übergangen fühlen. Interessant dabei ist, dass die Sabotageakte deutlich stärker werden, je öfter

---

[84] GECHTER (2002), o. S.

[85] SONNENMOSER (2003), S. 14

sich ein Mitarbeiter ungerecht behandelt fühlt (vgl. AMBROSE u. a. (2002), S. 947 ff; SONNENMOSER (2003), S. 14 f). Aus dieser Studie lassen sich für das Thema Wirtschaftskriminalität allgemeine Präventions- und Bekämpfungsstrategien ableiten. Der Blick geht dabei in Richtung der führenden Organe. Das Management ist gefragt, da die Vermutung, Sabotage sei ausschließlich eine Kurzschlusshandlung, durch die Autoren nicht bestätigt werden konnten. Sabotageakte könnten vermieden bzw. deren Eintrittswahrscheinlichkeit gesenkt werden, wenn die Unternehmen ihre Mitarbeiter fair behandeln und ihnen Einfluss und Kontrolle einräumen. So wird der Anlass für Hass- und Rachegefühle erst gar nicht gegeben.

❻ Dokumentenfälschung

Die Fälschung von Dokumenten ist ebenfalls in fast jedem Bereich im Unternehmen denkbar und insbesondere im Einkauf, Finanzwesen und Vertrieb häufig vertreten. Der größte entstehende Schaden ist wohl bei Fälschungen von Rechnungen oder Wareneingangsbestätigungen zu erwarten, da diese Dokumente direkt in betriebliche Aktivität umgesetzt werden. Anhand der genannten zwei Positionen - Fälschung von Rechnung oder Wareneingangsbestätigung - soll die Gefahr, die von Dokumentenfälschung ausgeht, betrachtet werden. Dies kann jedoch in gleicher Weise auf alle Bereiche und Branchen der Wirtschaft übertragen werden.

Fälschung der Rechnung

Soll eine Zahlung ausgelöst werden, muss im Finanzwesen eine Rechnung vorliegen. „Eine gefälschte Rechnung steht am Anfang einer deliktischen Handlung oder aber sie dient dazu, bereits begangene deliktische Handlungen zu verschleiern.“[86]

Bei ROTH werden folgende Arten, wie Rechnungen gefälscht werden können ausführlich erörtert:

- „Der Täter erstellt auf neutralem Papier eine fiktive Rechnung und fälscht die Unterschrift des Lieferanten. Der Briefkopf kann z. B. mit Abreibebuchstaben auf die Rechnung aufgezogen werden.

- Eine alte Rechnung wird unter Abdeckung des Datums, des Textbeschriebes und der Rechnungsbeträge fotokopiert. Übrig bleiben der Briefkopf des Lieferanten und allfällige neutrale Angaben. Mit fotokopiert werden kann auch die Unterschrift des Lieferanten (...) und das unternehmensin-

[86] ROTH (1994), S. 43.

terne Visum zur Zahlungsfreigabe. Das leere Rechnungsformular wird nun neu ausgefüllt.
Anstatt den Briefkopf aus einer alten Rechnung zu kopieren, kann das Firmenlogo, falls der Täter keinen Zugang zu alten Rechnungen hat, auch aus Prospekten kopiert werden.

- Dem Täter gelingt es unter einem Vorwand, vom Lieferanten leere Rechnungsformulare zu erhalten, die er missbräuchlich zur Verrechung fiktiver Leistungen des Lieferanten an seine Unternehmung verwendet. Als Vorwand, um solche Formulare zu erlangen, kann er angeben, dass seine Unternehmung eigene neue Rechnungsformulare oder einen neuen Briefkopf kreieren will und Ideen und Vorlagen sucht, oder er gibt an, er müsse zu betriebsinternen Verbuchung die auf einer Rechung zusammen aufgeführten Rechnungsposten trennen. Möglicherweise konnte der Täter auch von einem früheren Arbeitgeber Rechnungsformulare mitgehen lassen.

- Ist dem Täter bekannt, dass fotokopierte Rechnungen nicht akzeptiert werden, so kann er versuchen, dies zu umgehen, indem er die Fotokopie mit der handschriftlich angebrachten, gefälschten Unterschrift des Lieferanten versieht. Um die Originalität der Rechnung glaubhafter zu machen, schreibt er von Hand einen Zusatz auf die Rechnung, in dem er sich als den Lieferanten ausgibt und sich dafür entschuldigt, dass die Rechnung wegen irgendwelcher Probleme nur in Kopie vorliegt.

- Für einen geplanten, größeren oder länger andauernden Betrug bestellt der Täter bei einer Druckerei eine Anzahl Rechnungsformulare im Namen einer von ihm erfundenen Firma, die er als fiktiven Lieferanten benützen will. Bei einer Bank oder bei einer Post eröffnet er ein Konto mit dem Namen dieser Firma und bestellt gleichzeitig Posteinzahlungsscheine.

- Wenn der Einkäufer gute Beziehungen zu den Lieferanten hat, kann er versuchen, sie zu einer konspirativen Zusammenarbeit zu gewinnen. Geeignete Komplizen sind dabei vor allem kleine Lieferantenfirmen oder Lieferantenfirmen, bei denen der Geschäftsleiter oder der Inhaber selbst im Verkauf tätig ist, d. h. Kontaktpersonen, denen es möglich ist, einen widerrechtlich vom Kunden erlangten und an die Firma bezahlten Gewinn aus dieser herauszuziehen und mit dem Einkäufer zu teilen.
  Bei den Rechnungen handelt es sich in solchen Fällen um echte Lieferantenrechnungen, jedoch mit überhöhten Preisen oder fiktiven Zahlungsgründen.

Fälschung der Wareneingangsbestätigung

Bevor jedoch Zahlungen ausgelöst werden, erfolgt in der Regel an der Warenannahme eine Überprüfung der gelieferten Ware in Bezug auf deren Qualität und Quantität. Die Sichtung der Ware kann sowohl im Rahmen einer Stichprobenprüfung als auch als Vollprüfung erfolgen. Bei nur überhöhten Rechnungen stellt das Vorgehen kein Hindernis dar, da die Ware effektiv vorhanden ist. Ist die Rechnungserstellung hingegen mit rein fiktiven Zahlungsgründen veranlasst worden oder wird ein ganzer Einkaufsvorgang fiktiv dokumentiert, muss die Kontrollhandlung der Wareneingangsbestätigung ausgeschaltet oder umgangen werden (vgl. ROTH (1994), S. 45). Besonders gefährdet sind Unternehmen dann, wenn viele Mitarbeiter Zugang zur manuellen Erfassung der Ware im Warenwirtschaftssystem haben. Eine Nachvollziehbarkeit ist dann weniger wahrscheinlich.
Sind die Zugangsberechtigungen klar geregelt, besteht weiterhin eine Gefahr. Werden die Handlungen durch eine zugangsberechtigte Person gedeckt, wird auch diese Maßnahme ausgehebelt und ist dann schwer aufzudecken, wenn keine internen Kontrollmechanismen zusätzlich vorhanden sind.
„Handelt es sich beim Einkauf nicht um Waren, sondern um Dienstleistungen, deren Wert nur schwer abschätzbar ist und bei denen die tatsächliche Ausführung einzelner Rechnungsposten nur schwer kontrollierbar ist, vermindert sich für den Täter das Problem der Bestätigung des Zahlungsgrundes bei der Rechungsprüfung. Ein Beispiel für solche Dienstleistungen sind Transporte zu Land, in der Luft und vor allem zu Wasser, bei denen eine große Anzahl spezifischer Kosten anfallen, wie Zölle, Versicherungen, Hafen- und Kaigebühren, Einschiffungs- und Löschungskosten.

Bei der Durchführung der genannten Delikte ist eine hohe kriminelle Energie zu erkennen, da die Aktionen entweder von langer Hand geplant ausgeführt werden oder sie durch andere Personen gedeckt werden. Der Schadensfaktor wird insbesondere dadurch beeinflusst, über welchen Zeitraum derartige Handlungen ausgeführt werden.
Die Eintrittswahrscheinlichkeit ist dabei eher als gering einzuschätzen, jedoch ist zu bemerken, dass nach Eintreten des Falles auch eine geringere Wahrscheinlichkeit besteht, diese Handlungen erkennen und bekämpfen zu können, wenn der Täter in der Ausführung behutsam und planend vorgeht. Hier sind vorrangig Präventivmaßnahmen anzuraten, die die Gefahr des Entstehens im Voraus vermindern (z. B. Vier-Augen-Prinzip).

❼ Korruptions- und Bestechungsdelikte

Korruption (von lat. corrumpere = zerbrechen, verderben) ist ein Begriff, der oft verwendet wird, wenn es beim Tausch von Gütern oder Dienstleitungen zu Ungereimtheiten kommt. Eine einheitliche begriffliche Definition ist jedoch in der Literatur nicht zu finden (vgl. zu dieser Thematik u. a. RICKS (1995), S. 191 ff. und ABELE (1993), S. 571).

Aus den Ansätzen einer differenzierten Beurteilung sind es im wesentlichen drei Merkmale, die (meist kumulativ) als bestimmend für das Vorliegen von Korruption angesehen werden (vgl. RICKS (1995), S. 194):

- Ein Akt des Tauschens von (als wertvoll geschätzten) Gütern und Dienstleistungen zwischen mindestens zwei Akteuren, die (ökonomischen) Kosten-Nutzen-Entscheidungen folgen und Interesse an der Optimierung ihres Eigennutzens haben.

- Mindestens eine Partei gerät in ein Dilemma zwischen der Befolgung universalistischer – allgemeiner - Normen und Regeln (z. B. Gesetzesnormen, Betriebsnormen, moralische Normen etc.) und diverser partikularistischer – privater – Normen und Regeln. Es wird jedoch zugunsten der letzteren entschieden.

- Die Akteure erwarten meist negative Sanktionen aus der Umwelt bei der Aufdeckung der Handlung.

Die wichtigsten Kriterien werden z. B. bei RENNSTICH genannt: gegenseitige Beteiligung mehrerer Personen, Überordnung von Eigeninteressen, Geheimnistuerei (vgl. RENNSTICH (1990), S. 37 f).

Da diese Arbeit aus betriebswirtschaftlicher Sicht die Unternehmensseite beleuchtet, sollen im Folgenden nur Delikte einbezogen und betrachtet werden, die im betrieblichen Alltag stattfinden. Somit werden für die Betrachtung von Wirtschaftskriminalität im Sinne dieser Arbeit Delikte oder Straftaten im Amt nach dem dreißigsten Abschnitt des deutschen Strafgesetzbuches wie

- Vorteilsnahme nach § 331 StGB,
- Bestechlichkeit nach § 332 StGB,
- Vorteilsgewährung nach § 333 StGB sowie
- Bestechung nach § 334 StGB

abgegrenzt, sofern sie nicht betriebswirtschaftlich für die Bewertung von Geschäftsbeziehungen von Bedeutung sind.

Bei der Bewertung von Korruption ist im geschäftlichen Verkehr insbesondere die Thematik um die Verteilung und Annahme von Geschenken durch Geschäftspartner von Bedeutung.

Fallbeispiel:

Bei einer betrieblichen Neuorientierung und Umstrukturierung des Einkaufsbereichs eines Investitionsgüterproduzenten, werden auch die Lieferantenbeziehungen neu geprüft. Die Lieferantenbewertung und Lieferantenauswahl muss somit neu getroffen werden.

Die ökonomisch beste Wahl (z. B. Lieferant A) wurde aufgrund von Zuwendungen des Lieferanten B (z. B. Geld, Reisen oder verbilligte Privateinkäufe) zum Nachteil des eigenen Unternehmens beeinflusst.

Die zu beschaffenden Waren und Dienstleistungen wurden zu einem schlechteren Kosten-Nutzen-Verhältnis über längere Zeit aufgrund der privaten Zuwendungen bei Lieferant B eingekauft.

Das Fallbeispiel bezieht sich zwar auf den Einkaufsbereich, was keine Aussage über die Verteilung der Fälle treffen soll. Auch andere Bereiche können gefährdet sein, jedoch ist es im Einkaufsbereich als wahrscheinlicher anzunehmen. Zudem wird der Einkaufsbereich, in dem hohe Geldsummen zur Auszahlung veranlasst werden, als Erklärungsbasis, wie sich Korruption darstellt, herangezogen.

Wird nun z. B. eine Lieferantenbewertung und –auswahl durchgeführt, müssen Kriterien definiert werden, nach denen eine Einteilung und Bewertung vorgenommen werden kann.

Dazu können die unterschiedlichsten ökonomischen Kriterien angeführt werden:

- Preis
- Qualität
- Servicegrad
- Flexibilität
- Lieferbedingungen
- Termintreue
- u. v. m.

Die Lieferantenbewertung kann, wenn nicht nur Single-Sourcing ein mögliches Konzept ist, durch mehrere Methoden (mehr oder weniger) objektiv erfolgen. Anzuführen ist z. B. die Punktwertanalyse (oder auch Nutzwertanalyse).
Verglichen werden muss dann, egal welche Methode oder welches Verfahren Anwendung gefunden hat, immer der Saldo aller Einzelkriterien – also die Überwiegung der Gesamtvorteile über die Gesamtnachteile. Die Wahl des Verfahren spielt dabei nicht die entscheidende Rolle.

Korruption fängt nun dort an, wo die Entscheidung über die Wahl des Lieferanten getroffen wird. Steht ein Lieferant mit dem ökonomischen Optimum aus den zu bewertenden Alternativen fest, wird dieser aber durch persönliche Gründe des Entscheiders (z. B. Einkäufer) nicht gewählt, weil Zuwendungen geflossen sind, welche die Entscheidung beeinflussten, kann dadurch ein Schaden für das Unternehmen entstehen.
Durch effiziente Vorgehensweise bei der Beschaffung von Waren und Dienstleistungen kann viel zu Kosteneinsparungen beitragen werden. Jeder Euro, der nicht ausgegeben wird, erhöht Deckungsbetrag und Gewinn direkt. Der Bezug der Ware zu schlechteren Konditionen wirkt sich in diesen Fällen direkt aus.
Insbesondere bei Geschenken ist darüber nachzudenken, ob und in welcher Höhe diese angenommen werden dürfen. Die INTERNATIONAL CHAMBER OF COMMERCE DEUTSCHLAND hat in ihren „Verhaltensrichtlinien zur Bekämpfung der Korruption im Geschäftsverkehr" formuliert, wie zweckmäßigerweise mit Geschenken oder sonstigen Zuwendungen umgegangen werden soll.

Folgende wesentliche Aspekte sind zu extrahieren (vgl. INTERNATIONAL CHAMBER OF COMMERCE (1998), o. S.):

- Allgemein soll eine korrekte Bearbeitung und eine vertrauensvolle Zusammenarbeit oberstes Ziel jeder Geschäftsbeziehung sein.

- Grundsätzlich sollen keine Geschenke verteilt oder angenommen werden, wobei nicht zu unterscheiden ist, ob es sich um Geld- oder Sachgeschenke handelt. Auch die genannten Reisen, Dienstleistungen, Werbeprämien oder Rabatte sind als Geschenke zu sehen.

- Werden jedoch Werbegeschenke verteilt, sind sie wertmäßig so zu gestalten, dass ihre Annahme den Empfänger nicht in eine verpflichtende Abhängigkeit bringt. Die Auswahl sollte so getroffen werden, dass weder beim Geber noch beim Nehmer der Anschein von Unredlichkeit und Inkorrektheit aufkommen kann. Handelt es sich dabei um einen Zweifelsfall, wird die Entscheidung vom Vorgesetzten getroffen.

- Beim Auftreten von Situationen, in denen eine Vermischung von Privatem und Geschäftlichem die Trennung schwierig machen, sollten die Kosten insbesondere auch für Geschenke oder Bewirtungen privat übernommen werden. Je höher die Position im Unternehmen ist, desto eher kann dies erwartet werden.

Abschließend muss bemerkt werden, dass die Gefahr von Korruption im Unternehmen leicht gesenkt werden kann, wenn grundsätzlich vereinbart ist, dass alle Geschenke und sonstige Zuwendungen offen gelegt werden. So ist für alle ein-

sehbar, wie groß die durchschnittliche Anzahl an Zuwendungen ist. Bei Geldgeschenken oder persönlichen (für einzelne Mitarbeiter deklarierten) Geschenken muss detailliert nachgeforscht werden, da hier ein konkreter Verdacht bestehen könnte. Auch bei Zuwendungen kann über unternehmensinterne Kodexe, wie sie in einigen Unternehmen bestehen, die sich mit den Thema Wirtschaftskriminalität intensiv auseinander gesetzt haben, ein Betrag vereinbart werden und als wertmäßig so gestaltet gelten, dass ihre Annahme den Empfänger nicht in eine verpflichtende Abhängigkeit bringt und als Höchstgrenze angesetzt werden kann. In genannten Kodexes kann jeder beliebige Betrag gewählt werden, wobei sich dieser üblicherweise zwischen 20 € und 50 € als adäquat erwiesen hat.
„Schon aus wirtschaftlichen Gründen sollte ein Unternehmen darauf achten, regelmäßig unterschiedliche Angebote einzuholen. Einseitigen Abhängigkeiten kann damit wirksam entgegengewirkt werden."[87]

3.) Wirtschaftskriminalität 3. Grades

❽ Verrat von Betriebs- und Geschäftsgeheimnissen

„Je mehr unternehmensspezifisches Wissen und Können über Markt- und Zukunftsaussichten entscheiden, desto mehr wird jenseits aller Skrupel versucht, an diese Informationen heranzukommen. Längst betreiben dieses Geschäft nicht mehr allein von Konkurrenzunternehmen angeheuerte Dunkelmänner – beispielsweise als gezielt auf ein Unternehmen angesetzte Mitarbeiter."[88] Gefährlich wird es auch dann, wenn geheim zu haltende Informationen durch eigene Mitarbeiter nach außen getragen werden. Unternehmensinterne Informationen, die unbefugt nach außen gelangen sind ein hohes Risiko, denn es „(...) führt zu beträchtlichen betriebs- und volkswirtschaftlichen Schäden durch Umsatzausfälle und Arbeitsplatzvernichtung."[89]

Am Wettbewerb erfolgreich teilhaben zu können ist auf Dauer nur möglich, wenn die offerierten Güter und Dienstleistungen geringere Preise und/oder bessere Qualität aufweisen als die Angebote der mit am Markt agierenden Konkurrenten. So bestimmen Preis und Qualität den Absatz und den Marktanteil. Da vielfach in den westeuropäischen Industrienationen Löhne und Gehälter an gleichartige Tarifverträge gebunden sind und die Kosten beim Einkauf sich an gleichartigen Marktpreisen orientieren, sind im Sinne der Kostenersparnis oft nur Bearbeitungsmethoden, Verfahren der Fertigung und der Vorsprung in Forschung und Entwicklung im Hinblick auf neue und bessere Produkte variabel. Dieser Vorsprung wird bei zunehmend schärferem Wettbewerb immer geringer

[87] INTERNATIONAL CHAMBER OF COMMERCE (1998), o. S.
[88] WELTER (2002b), o. S.
[89] WELTER (2002b), o. S.

und geistige Schöpfung ist zum wertvollsten Vermögen geworden (vgl. RICKS (1995), S. 101).

Bei der von ERNST & YOUNG durchgeführten Umfrage berichteten 39 % der Befragten zudem von Verletzungen des geistigen Eigentums wie beispielsweise Patente. Fälle in diesem Bereich können unter dem Begriff der „Intellectuell Property"-Delikte zusammengefasst werden (vgl. ERNST & YOUNG (2003), S. 15).

Der Verrat von Betriebs- und Geschäftsgeheimnissen ist sehr schwer zu bewerten. Beispielsweise lässt sich bei Diebstählen unter Umständen der Wert des gestohlenen Gutes in Euro und Cent ausdrücken, jedoch ergeben sich hier Probleme, da die Dunkelziffer als hoch einzuschätzen ist und über Schäden meist keine Aussage getroffen werden kann. Eine Kontrolle ist nahezu nicht denkbar. „Zudem sind die Schäden häufig schon deshalb nur schwer quantifizierbar, weil beispielsweise bei Schäden wegen des Verrats von Betriebs- und Geschäftsgeheimnissen ein Gewinnverlust nur prognostisch aufgestellt werden kann."[90]

In der Praxis ergeben sich aber, unterstellt Quantifizierungen wären möglich, darüber hinaus zusätzlich andere Probleme. „Anders sehe es aus, wenn vergebliche Entwicklungskosten oder Produktionsausfälle beziffert werden könnten. Allerdings würden die meisten schädigenden Ereignisse den Sicherheitsbehörden – unter anderem wegen drohenden Imageverlusten – von den Unternehmen gar nicht erst mitgeteilt."[91]

Der Mensch im Unternehmen wurde oben bereits ausführlich dargestellt (vgl. hierzu Kapitel 3), ist aber insbesondere bei dieser Deliktgruppe der entscheidende Faktor, da die meisten Daten das Unternehmen auf diesem Weg verlassen. Die Informationsgesellschaft tut ihr Übriges dazu, dass Informationen zu Kapital werden können. „Ein (..) Phänomen besteht in dieser Hinsicht in dem Verhalten von Mitarbeitern von Unternehmen, die mit sensiblen Informationen sorglos um- und teilweise aus Imponiergehabe mit Firmen-Know-how hausieren gingen."[92]

Auch wenn Informationen aus frei zugänglichen Quellen (unternehmenseigene Publikationen, Prospekte, Internetpräsenz etc.) beschafft werden können, ist dies nur bis zu einem gewissen Punkt möglich und andere Wege werden eingeschlagen. „(...) Bedeutung hat (...) die Nutzung der menschlichen Quellen. 'Wir sind der Auffassung, daß die Rolle des Innentäters, also des Know-how-Trägers im Unternehmen, von Firmen unterschätzt wird. Hier ist das größte Risiko für einen

[90] WELTER (2002b), o. S.
[91] WELTER (2002b), o. S.
[92] WELTER (2002b), o. S.

Know-how-Abfluß zu sehen'"[93] erklärt Uwe Claaßen, Leiter des Fachbereichs Wirtschafts- und Geheimschutz im Niedersächsischen Landesamt für Verfassungsschutz in Hannover. Der genannte Know-how-Abfluss ist besonders dann gegeben, wenn Mitarbeiter das Unternehmen (z. B. durch Arbeitgeberwechsel) verlassen.

Eines der bekanntesten Beispiele für die Abwanderung von Geschäftsinterna ist wohl der Fall des Topmanagers Jose Ignacio Lopez de Arriortua.

Fallbeispiel:

Ignacio Lopez, der in der Position des Einkaufschefs für General Motors (GM) gearbeitet hatte, wurde vorgeworfen, er habe beim Wechsel zum Volkswagen-Konzern vertrauliche Dokumente (darunter Innovationsvorhaben und Lieferanten-Preis-Informationen) mitgenommen. Zudem wurde Lopez mehrfacher Betrug, Transport gestohlenen Eigentums sowie andere Transportvergehen vorgeworfen.
GM hatte bereits kurz nach bekannt werden des Vergehens im Jahre 1992 Zivilklage gegen Volkswagen in Detroit eingereicht. VW zahlte im Zuge eines Vergleichs 100 Mio. Dollar und kaufte im Gegenwert von 1 Mrd. Dollar Komponenten bei GM, ohne jedoch jegliche Schuld einzugestehen.

Die Darmstädter Staatsanwaltschaft erhob Ende 1996 Anklage gegen Lopez wegen Verrats von Geschäftsgeheimnissen. Das Landgericht Darmstadt stellte aber Mitte 1998 das Verfahren gegen Lopez ein.

Das lässt Zweifel am durchschnittlichen betrieblichen Sicherheitsbewusstsein zu. Claaßen stellt heraus, dass sich bei Gesprächen mit Unternehmen zeige, dass besonders bei kleinen und mittleren Unternehmen das Sicherheitsbewusstsein nicht besonders stark ausgeprägt sei. Dieses Problem fange leider schon in den Chefetagen an, wo es häufig an der notwendigen Sensibilität für Sicherheitsfragen mangele. Das aktuelle Thema Wirtschaftsspionage oder Konkurrenzausspähung werde oft verharmlost oder gar ignoriert (vgl. WELTER (2002b), o. S.).

Die FRANKFURTER ALLGEMEINE ZEITUNG betitelt einen Artikel in der Ausgabe von 12. Juli 2003 mit „Die Spionage mit dem Foto-Handy wird zu einer akuten Gefahr für Unternehmen“[94]. Die bisherigen Ausführungen haben gezeigt, dass Know-how-Abwanderung einen zentralen Betrachtungspunkt für die Bewertung von Wirtschaftskriminalität darstellt. Durch die Ausrüstung von Mobiltelefonen mit Funktionen einer Digitalkamera, wird das Spionagethema weiter verschärft. „Was zunächst als Spielerei der Mobilfunkenthusiasten erscheint,

[93] WELTER (2002b), o. S.
[94] WELTER (2003), S. 17.

wächst inzwischen zum echten Problem für die Sicherheitsbeauftragten vieler Konzerne heran. Als eines der ersten Unternehmen hat jetzt der südkoreanische Elektronikkonzern Samsung in den Sicherheitsbereichen (...) die Benutzung von Mobiltelefonen mit eingebauter Kamera verboten, um der Industriespionage vorzubeugen. Aber auch in den europäischen Unternehmen dämmert die Einsicht, daß sich diese Geräte zu einer Gefahr für die sensiblen Designstudien oder andere Geschäftsgeheimnisse entwickeln können. Die neue Dimension dieser Gefährdung liegt darin, daß Bilder nicht nur weitgehend unbemerkt aufgenommen, sondern als Multimedia-Nachricht (MMS) auch in Sekundenschnelle an fast jeden Ort der Welt verschickt werden können. Eine verspätete Ergreifung des Eindringlings könnte den angerichteten Schaden nicht verhindern."[95]

Wie aber wird aktuell in der Praxis mit dem noch sehr jungen Problem umgegangen? Beispiele sollen nachfolgend zeigen, wie einige deutsche Unternehmen mit diesem Thema umgehen und in wie weit bereits Regelungen und Vereinbarungen getroffen wurden (vgl. WELTER (2003), S. 17).

So dürfen beim Chemiekonzern BASF in Ludwigshafen zwar Fotohandys auf das Werksgelände mitgebracht werden, jedoch unterliegen sie, wie in der gesamten Branche üblich, dem strengen Verbot von Foto-, Film- und Videoaufnahmen.
In Leverkusen bei der Firma Bayer gilt eine noch schärfere Regelung, denn die Mobiltelefone mit Kamera werden wie normale Kameras behandelt und sind somit am Empfang zu hinterlegen. Für den Durchschlupf wurden die Mitarbeiter angewiesen, bei der Begleitung von Besuchern erhöhte Aufmerksamkeit walten zu lassen. Auch bei Bayer gibt es in Sicherheitsbereichen völliges Handyverbot. Ausnahmen jedoch gibt es für einige Mitarbeiter, die ein Diensthandy mit Kamera besitzen. Diese erhalten dafür einen gesonderten Ausweis, welcher zum Mitführen berechtigt.
Bei Merck in Darmstadt wird ähnlich den dargestellten Unternehmen gehandelt. Ein generelles Verbot wurde zwar nicht ausgesprochen, aber auch hier ist erhöhte Aufmerksamkeit gefragt.

Bei Automobilunternehmen ist die Gefahr, die von Fotohandys ausgeht, bereits seit längerem bekannt. Vor rund zwölf Monaten – im Juli 2002 – wurden bei Audi erste Maßnahmen ergriffen und klare Regelungen aufgestellt. In den sensiblen Bereichen der technischen Entwicklung ist die Mitnahme von Fotohandys strikt verboten. Eine Zutrittserlaubnis für Mitarbeiter oder Zulieferbetriebe wird erst erteilt, wenn die Geräte abgegeben wurden. Stichprobenweise Kontrollen sollen hier den Durchschlupf verringern. Grundsätzlich ist es den Mitarbeitern von Audi untersagt, ihre privaten Fotohandys ins Unternehmen mitzubringen. Die Beschaffung eines Fotohandys zu Dienstzwecken wird nur in Ausnahmefäl-

[95] WELTER (2003), S. 17.

len genehmigt. Die Beschaffung erfolgt zentral, wobei das Gerät registriert wird. In den Sicherheitsbereichen (z. B. auf dem Testgelände) gelten aber noch weiter verschärfte Sicherheitsbedingungen und Zugangsberechtigungen.

Im Gegensatz zu Audi ist bei BMW eine etwas lockerere Lösung gefunden worden. Für die sensiblen Bereiche von Werkstätten oder des Forschungs- und Entwicklungszentrums gilt aber Vergleichbares. Das Mitführen von Fotohandys durch Mitarbeiter ist zwar erlaubt, jedoch besteht ein striktes Fotografierverbot.

In einer Umfrage in den Fachverbänden des VDMA (Verband Deutscher Maschinen- und Anlagebau) wurde erhoben, dass auch hier die Gefahr durch Kamerahandys durchaus präsent ist. Spezielle Verbote wurden aber noch keine ausgesprochen. In vielen Maschinenbauunternehmen war das Fotografieren jedoch schon immer verboten, so dass es keinen Unterschied macht, in welchen Gerätschaften Kameras installiert sind.

Die ausgewählten Beispiele zeigen, dass das Thema in diesem speziellen Fall als Gefahrenquelle registriert wurde, jedoch sind strikte Regelungen noch eher die Ausnahme. Dies gilt insbesondere für kleine und mittelständische Unternehmen. Die bisher in Mobiltelefonen verbauten Kameras lassen zwar von der Bildqualität her noch zu wünschen übrig, was aber im Zuge rasanter technologischer Entwicklung bald behoben sein wird. Die Gefahr für die Zukunft wird wohl stetig zunehmen und zu weiter verschärften Maßnahmen drängen.

❾ Betrugsdelikte

Auch bei Betrugsdelikten ist die Liste der Tatbegehungsmöglichkeiten lang. Wenn im geschäftlichen Verkehr die allgemeine Struktur der Delikte betrachtet wird, „(...) stellen sich die bekanntgewordenen Wirtschaftsstraftaten überwiegend als Betrug und ihm verwandte Delikte dar.“[96] Viele Betrugsszenarien sind aber im Zusammenhang mit Beteiligungen und Kapitalanlagen (z. B. Anlagebetrug, Beteiligungsbetrug), Finanzierung (z. B. Kreditbetrug) oder Subventionen (z. B. Subventionsbetrug) zu erkennen. In welchem Umfang jedoch Fälle des Betruges als Wirtschaftskriminalität bezeichnet werden können, ist fraglich. „Nicht selten mag hier – wie bei der Wirtschaftskriminalität überhaupt – der jeweilige kriminalpolitische Wunsch der Vater der Definition sein (...).“[97] Die in der Praxis überwiegend auftretenden Formen des Betruges lassen sich auch mit den Begriffen „Luftgeschäfte“ und „Gründungsschwindel“ beschreiben (vgl. dazu auch das Fallbeispiel). Nachfolgend sollen die genannten Delikte kurz dargestellt werden.

[96] RICKS (1995), S. 87.
[97] KAISER (1993), S. 496; vgl. auch EGLI (1985), S. 43.

Anlagebetrug:

„Beim Anlagebetrug veranlasst der Täter die Geschädigten (i. d. R. über eine Anlagevermittlungsfirma) mit Versprechen hoher Renditen zur Herausgabe von Anlagegeldern, verwendet diese aber ganz oder teilweise zweckwidrig oder täuscht anderweitig über wesentliche Merkmale der Geldanlage (z. B. Risiko, Aufschläge, Provisionsanteile usw.).“[98]

Beteiligungsbetrug:

„Beim Beteiligungsbetrug handelt es sich um die Aufnahme von Teilhabern gegen Zahlung einer Geschäftseinlage in ein nicht bestehendes, erst zu gründendes oder „faules“ Unternehmen unter arglistiger Vorspiegelung hoher Gewinnausschüttung bzw. einer sonstigen lukrativen Teilhaberschaft.“[99]

Kreditbetrug:

Der befugte Mitarbeiter beantragt für das Unternehmen unter unrichtiger Darstellung der Angaben zu den (Vermögens-)Verhältnissen Kreditleistungen (vgl. BUNDESKRIMINALAMT (2002), S. 106).

Subventionsbetrug:

Ein Mitarbeiter begeht Subventionsbetrug, wenn Leistungen aus öffentlichen Mitteln, die der Förderung der Wirtschaft dienen sollen, dann gewährt werden, wenn durch Täuschung die subventionsrelevanten Tatsachen so gestellt werden, dass ein Anspruch entsteht.

Allgemein lässt sich im Bereich Betrug aber festhalten, dass die bekannt gewordenen Fälle stark zugenommen haben. ERNST & YOUNG hat in der Erhebung vor drei Jahren einen Anteil von 10 % feststellen können. In der aktuellen Folgeerhebung 2003 wird der Anteil mit 36 % beziffert (vgl. ERNST & YOUNG (2003), S. 15). Betrugsdelikte können im schlechtesten Fall die Existenz des Unternehmens gefährden und angesichts eines erhobenen Anteils von über einem Drittel ist die Gefahr groß.

Fallbeispiel:

Im größten Fall von Wirtschaftskriminalität in Deutschland hatte die in Baden-Württemberg ansässige Unternehmensgruppe FlowTex, vertreten durch Manfred Schmider und Klaus Kleiser, über längere Zeit rund 3000 nicht vorhandene

---

[98] BUNDESKRIMINALAMT (2002), S. 38.
[99] BUNDESKRIMINALAMT (2002), S. 44

Horizontalbohrsysteme an Leasingfirmen verkauft und hatte damit einen strafrechtlichen Schaden von mehr als 2 Mrd. Euro verursacht.

Die beiden verantwortlichen Ex-FlowTex-Bosse Schmider und Kleiser wurden 2001 zu mehrjährigen Haftstrafen wegen Betruges verurteilt (vgl. u. a. DE PAOLI (2003), o. S.). Durch diesen Fall sind neben den einzelwirtschaftlichen Schäden auch enorme gesamtwirtschaftliche Nachteile entstanden. Auch gegen das Land Baden-Württemberg wurden Vorwürfe erhoben, da der Verdacht besteht, dass hier Delikte gedeckt wurden.

Sonstige Betrüge:

Betrugsdelikte sind aber auch in nicht wirtschaftsstrafrechtlicher Weise durchaus denkbar. Da es sich aber auch hier um eine endlose Fülle von Fallkonstellationen innerhalb und außerhalb der genannten vier Gruppen handeln kann, soll dies stellvertretend durch ein praxisrelevantes Beispiel dargestellt werden:

Fallbeispiel:

Einige Automobilhersteller gewähren ihren Mitarbeitern die Möglichkeit, zu günstigen Konditionen Fahrzeuge aus dem Fuhrpark zu leasen. In den Leasingverträgen werden meist fixe Laufzeiten vereinbart, in denen eine vorher festgelegte Gesamtlaufleistung (z. B. 12.000 km) gefahren werden darf. Nach der Vertragslaufzeit werden die Fahrzeuge vom Unternehmen zurückgekauft und können dem Marktkunden verbilligt (als Jahreswagen oder Gebrauchtwagen) zugeführt werden.
Es besteht nun die Unsicherheit, dass Unternehmen z. B. mit solchen Betrugsfällen zu kämpfen haben, in denen Mitarbeiter, die einen solchen Vertag geschlossen haben, bei Überschreitung der vereinbarten Gesamtlaufleistung auf Möglichkeiten zurückgreifen, die eine Überschreitung rückgängig machen können. Kurz: Es findet z. B. eine Manipulation an den Tachosteuergeräten statt, die zwar in den meisten Fällen nachvollzogen werden kann, aber im Stande ist, großen Schaden anzurichten. Die auftretenden Kosten sind insbesondere im Bereich der Kontroll- und Reparaturkosten sowie bei den Kosten für sinkende Reputation anzunehmen. Zusätzliche Kontrollmechanismen sind als Folge zu installieren, um diesen Missstand präventiv sowie repressiv zu unterbinden.

⑩ Vertrauensbruchdelikte

Unter dieser Kategorie werden alle Handlungen zusammengefasst, die im Zusammenhang mit der Veruntreuung und Unterschlagung von Vermögen und der Fälschung von Bilanzen oder sonstigen Vermögensausweisen stehen. Durch Delikte dieser Art entstehen dem Unternehmen nicht nur hohe monetäre Schäden.

Auch die Reputation leidet stark unter dem Vertrauensbruch, der durch die wirtschaftskriminellen Mitarbeiter verursacht wird.
„In Deutschland wurde von 74,5 % der von Wirtschaftskriminalität betroffenen Befragten angegebenen, in den letzten zwei Jahren Opfer von Unterschlagung geworden zu sein. Dagegen hatten auf die Frage, welches Delikt nach der Einschätzung des Befragten wohl das vorherrschende sei, lediglich 53,2 % der Befragten die Unterschlagung genannt.“[100]
Es ergibt sich, dass sich die Einschätzung des Auftretens und des Ausmaßes solcher „vertrauensbrechenden“ Delikte (und damit eben auch des wahrgenommenen Risikos) als sehr schwer darstellt.
Die in dieser Kategorie zusammengefassten Einzeldelikte sind besonders dadurch gekennzeichnet, dass sie sich meist in einer Vertrauensposition ereignen. Nach RICKS (vgl. RICKS (1995), S. 88) ergeben sich Vertrauensstellungen allgemein aufgrund

- eines vertraglichen Treueverhältnisses (z. B. bei einer Bank, Treuhandgesellschaft, Wertschriftendepotstelle);
- der qualifizierten Stellung des Täters (z. B. als Rechtsanwalt, Beamter, Beauftragter) oder, was für die Zielsetzung dieser Arbeit am relevantesten ist,
- der Stellung der im Unternehmen beschäftigten Person (z. B. Geschäftsleitung, Kontrollstelle, Direktor, Prokurist, andere Bevollmächtigte)

Organen des Unternehmens fällt es somit schwer, sich vorzustellen, dass der Wirtschaftskriminelle, dem diese vertrauensvolle Position übertragen wurde, die Tat begangen haben könnte. Darin liegt wohl auch die Erklärung für die von PRICEWATERHOUSECOOPERS dargestellte Fehleinschätzung der Befragten. Konsequenzen müssen daraus auch bei der Personalauswahl gezogen werden.

Die unter dieser Kategorie subsumierten Delikte sollen nachfolgend kurz etwas differenzierter dargestellt werden.

Veruntreuung und Unterschlagung:

Unsere marktwirtschaftliche Wirtschaftsordnung beruht zu großen Teilen auf dem Prinzip von Treu und Glauben. Insbesondere in kleinen und mittelständischen Unternehmen bestehen langjährige enge Vertrauensverhältnisse der Mitarbeiter untereinander bzw. zwischen Mitarbeiter und Geschäftsleitung. Die Möglichkeiten des kriminellen Missbrauchs solcher Stellungen ist vielfältig. Oft

[100] PRICEWATERHOUSECOOPERS (2001), S. 11.

erleichtern große Vertrauensseligkeit oder mangelnde Betriebsorganisation die Ausnutzung dieser Stellung.

Gerade bei der Veruntreuung ist die Dunkelziffer besonders hoch. Viele Fälle werden nur durch Zufall entdeckt oder fallen dann auf, wenn sich auf der betreffenden Position ein personeller Wechsel vollzieht (vgl. auch RICKS (1995), S. 89).

ROTH hat sich in einem gesamten Kapitel mit der Thematik der Veruntreuung von Geldmitteln im Zahlungsverkehr auseinandergesetzt. Dabei wird unterschieden nach Zahlungsverkehr mit Bargeld und bargeldloser Zahlungsverkehr, wobei die unterschiedlichen Verfehlungen (z. B. manipulierte Kreditorenchecks oder veruntreute Debitorenchecks) ausführlich dargestellt sind (vgl. ausführlich ROTH (1994), S. 70 ff).
PRICEWATERHOUSECOOPERS setzt die Definition etwas weiter und spricht nicht nur von der Veruntreuung von Geldmitteln. Es werden auch sonstige Vermögensgegenstände einbezogen. Eine Unterscheidung wird hier bezüglich der Stellung getroffen. Unterschieden wird nach Veruntreuung durch Beschäftigte - bezeichnet als Unterschlagung – und Veruntreuung durch die Geschäftsführung – bezeichnet als Vertrauensbruch.

Da es sich Veruntreuungs- und Unterschlagungsdelikten um Sachverhalte handelt, die meist mit erheblichen Schadenshöhen und –ausmaßen verbunden sind, werden besonderes diese Fälle in den Medien detailliert abgebildet und aufgearbeitet. Meist sind zusätzlich diese Delikte nur von Personen durchführbar, deren Position auch überregionales Gewicht darstellt. Einige Fälle wurden dabei in den vergangenen Jahren diskutiert (genannt seien z. B. Enron und Worldcom).

Eine ausführliche Übersicht würde aber den Rahmen zu stark überdehnen, so dass ein aktuell vorliegender und für die Wirtschaft höchst relevanter und interessanter Fall als Symbol für all diejenigen Fälle stehen soll, deren Umstände und Ausmaße ähnlich gelagert sind.

Fallbeispiel:

Der „Aufsichtsratsausschuss für Vorstandsangelegenheiten", genannt wird so das vierköpfige Präsidium von Mannesmann, hatte bei der Beschlussfassung vom 4. Februar 2000 nicht erahnen können, welche Folgen sich daraus nach der Übernahme durch Vodafone ergeben würden. In diesem Beschluss wurde über die Zahlung von rund 60 Millionen DM an den damaligen Vorstandsvorsitzenden Klaus Esser, den Ex-Aufsichtsratschef Joachim Funk und 14 weitere Manager entschieden.

Nach der Übernahme von Mannesmann durch den britischen Konkurrenten Vodafone im Frühjahr 2000 flossen gut 111,5 Millionen DM an Prämien und Pensionsabfindungen (vgl. KUHR & KLÄSGEN (2004), S. 21).

Von den Wirtschaftsprüfern der KPMG wurde bemängelt, dass Joachim Funk als Präsidiumsmitglied an einem Beschluss beteiligt war, welcher ihn selbst begünstigt. Zudem wurde die Höhe und die Angemessenheit der Anerkennungsprämie an Esser von mehr als 30 Millionen DM in Frage gestellt. Durch die großen Bedenken hätten die Prüfer auch mit Verweigerung des Testats gedroht.

Dem Präsidium gehörten neben Funk noch Ex-IG-Metall-Chef Klaus Zwickel, der jetzige Deutsche-Bank-Chef Josef Ackermann sowie der Betriebsratsvorsitzende von Mannesmann Jürgen Ladberg an. Alle vier wurden wegen des Verdachts der schweren Untreue angeklagt. Klaus Esser wird indes nur Beihilfe zur Untreue vorgeworfen (vgl. KUHR & KLÄSGEN (2004), S. 21).

Seit dem Beginn des Strafprozesses vor dem Landgericht Düsseldorf am 21. Januar sind Richter, Staatsanwaltschaft und Verteidigungen mit der Darlegung der Fakten und Aufhellung der Tatbestände beschäftigt. Der endgültige Ausgang des Verfahrens steht noch aus.

Allgemein angemerkt werden muss aber, dass hier nicht die Höhe der Zahlungen im Fokus stehen, sondern dass vielmehr die Rechtmäßigkeit und Angemessenheit der Zahlung an sich beanstandet wird, also ob die über die „üblichen“ Tätigkeiten hinausgehenden Anstrengungen diese Zahlungen rechtfertigen.

Juristisch steht zur Zeit ein Urteil noch aus. Jedoch darf erwartet werden, dass durch die auch im Zuge der Medienberichterstattung bekannt gewordenen Details im Fall Mannesmann, z. B. durch negative Assoziationen von Kunden und Investoren, Imageverluste, insbesondere auch am Kapitalmarkt, einhergehen.

Buchhaltungs- und Bilanzdelikte:

Juristisch wird die Verletzung der Buchführungspflicht in § 283 b StGB behandelt. Unterlassungen der ordnungsmäßigen Führung der Bücher und/oder die Fälschung der Buchhaltung und Bilanzen sind meist im Zusammenhang mit anderen Wirtschaftsdelikten zu vermuten und werden als Vorbereitungs- oder Deckungshandlungen verwendet.

Mehrere Möglichkeiten der „kreativen Bücherdarstellung“ sind denkbar. So könnten zum Einen tatsächliche Geschäftsvorfälle falsch oder zum Anderen nicht existierende Geschäftsvorfälle zusätzlich gebucht werden. „Diese „Falschbuchungen“ bzw. „Luftbuchungen“ lassen sich auf Bestands- wie auch auf Erfolgskonten durchführen. Frisieren kann man dabei im Prinzip alle Abschlußunterlagen für die Bilanz und Gewinn- und Verlustrechnung: Lohnkonti, kaufmännische Hilfsbücher, z. B. Kassenbücher, Bankbücher, Wareneingangs- und Warenausgangskonti u. a. m.. Hierbei treten bestimmte Techniken symptomatisch auf, z. B. Verbuchen von verfälschten oder echten Belegen mit erhöhten Ausgaben oder verminderten Einnahmebeträgen (vgl. auch hierzu ❻ Dokumentenfälschung), Mehrfachbuchungen echter Belege, absichtliche Additions-, Übertragungs- und sonstige Rechenfehler, nachträgliche Veränderung verbuchter Zahlen, Ändern ganzer Konten oder Teilen der Buchführung. Wirtschaftliche und gesetzliche Regelungen lassen einen breiten Raum für Finanzmanipulationen offen."[101]

Manipulierfähig sind erfahrungsgemäß u. a. (vgl. RICKS (1995), S. 89):

- **Waren und Vorräte:** Es besteht bei der Bewertung von Warenlagern ein Ermessungsbereich.

- **Angefangene Arbeiten und Entwicklungsaufwand:** Bei der Bilanzierung staatlich subventionierter mehrjähriger Entwicklungsaufträge (z. B. in der Flug- und Raumfahrzeugindustrie oder in der Rüstungsindustrie) besteht Gefahr, da meist effektive Kontrollen fehlen.

- **Wertberichtigungen**

- **Kreditversicherung**

- **Verkauf, Leasing:** Es kann z. B. zu Bilanzverbesserungen durch den Verkauf bestehender Anlagen und Gebäude weit über den Buchwert an eine Leasinggesellschaft und Rückleasing an die Firma mit Ausweis entsprechender Buchungsgewinne kommen.

- **Kreditoren**

- **Pensionsrückstellungen**

Bei bekannt werden genannter Manipulationen oder Kreativdarstellungen der Vermögens- und Ertragslage drohen neben finanziellen Schäden insbesondere hohe Reputationsschäden sowie juristische Sanktionen, was dem Unternehmen wiederum die existenzielle Grundlage entziehen kann.

Auch im Bereich der Vertrauensbruchdelikte werden zunehmend neue Fälle zu erwarten sein, wo sich Vertreter insbesondere mittelgroßer Unternehmen und

[101] RICKS (1995), S. 88.

Konzerne dem Verdacht von normabweichendem Verhalten nicht mehr entziehen können.

Allgemein ist zu betonen, dass die Einteilung der einzelnen Delikte zu den Graden nur eine tendenzielle Richtung vorgeben kann. Subjektiv können besondere Umstände anders bewertet werden, was dann dazu führen kann, dass ein Grenzdelikt (z. B. Diebstahl) im Einzelfall auch zu einem höheren oder niedrigeren Grad (bei geringwertigen Diebstählen z. B. Einteilung in die Kategorie 1. Grades) zuordenbar wird.

Nach Klassifikation und Darstellung der Deliktgruppen folgt als abschließender Schritt die Risikobehandlung. Der Behandlung und dem Umgang mit den Erkenntnissen soll nachfolgendes Kapitel Rechnung tragen. Dabei werden die verschiedenen Möglichkeiten zur Bewältigung von Wirtschaftskriminalität im Unternehmen erläutert.

6. BEWÄLTIGUNG VON WIRTSCHAFTSKRIMINALITÄT IM UNTERNEHMEN

Die Notwendigkeit der Betrachtung und insbesondere der Bekämpfung von Wirtschaftskriminalität ergibt sich bereits aus der Tatsache, dass durch wirtschaftskriminelle Handlungen Unternehmen jährlich ein ungeheurer Schaden entsteht. So wurde der Gesamtschaden registrierter Wirtschaftsstraftaten im Jahre 2001 vom Bundeskriminalamt auf rund 6,74 Mrd. € festgesetzt (vgl. BUNDESKRIMINALAMT (2002), S. 8). PRICEWATERHOUSECOOPERS schätzt in der Umfrage, in der 513 Unternehmen in der Lage waren, ihren Schaden zu beziffern, den Verlust durch wirtschaftskriminelle Handlungen auf insgesamt 3,6 Mrd. €, was etwa durchschnittlich 6,7 Mio. € pro Unternehmen bedeuten würde (vgl. PRICEWATERHOUSECOOPERS (2001), S. 13). Nach oben hin abgerundet wird die Schadensbezifferung von der Umfrage von ERNST & YOUNG. Ermittelt wurde ein geschätzter Schaden von 8,3 Mrd. € (vgl. ERNST & YOUNG (2003), S. 11).

Auch aufgrund dieser Daten kann immer wieder festgestellt werden, dass Unternehmen – speziell im Mittelstand – sich wenige Gedanken darüber machen, wie die Gefahr für das eigene Unternehmen gesenkt werden kann. Viele Unternehmen sehen sich auch nicht in der Gefahr, Opfer wirtschaftskrimineller Handlungen zu werden. „Konsequenterweise spielt daher für das Management deutscher Unternehmen die Prävention deliktischer Handlungen bis dato kaum eine Rolle. Sie ist für die Mehrzahl immer noch eher unnötiger Luxus denn Notwendigkeit."[102]

6.1 Betriebswirtschaftliche Möglichkeiten zum Umgang mit Wirtschaftskriminalität

Welche Möglichkeiten stehen den Unternehmen jedoch zur Verfügung, um mit den Risiken wirtschaftskrimineller Handlungen umzugehen und sie zu beeinflussen? Grundsätzlich können dabei mehrere Möglichkeiten unterschieden werden: Vermindern, übertragen, vermeiden, akzeptieren oder selber tragen.

6.1.1 Vermindern von Risiko und Ausmaß

Hier können zwei unterschiedliche Ansatzpunkt angestrebt werden. Entweder wird versucht, die Eintrittswahrscheinlichkeit der wirtschaftskriminellen Handlung zu senken (Schadenverhütung) oder deren Ausmaß einzudämmen (vgl. HALLER (1986), S. 31 f).
Grundsätzlich ist es dabei angezeigt, die Anstrengungen auf die Schadensverhütung auszurichten, wenn das Risiko zwar eine hohe Eintrittswahrscheinlichkeit

[102] ERNST & YOUNG (2003), S. 30.

aber auch relativ geringe Auswirkungen besitzt. Bei massiven Auswirkungen und dafür kleineren Auftretenswahrscheinlichkeiten ist demgegenüber eher eine Schadensherabsetzung anzustreben, da es oft nicht möglich ist, unwahrscheinliche Risiken noch seltener zu machen. Das weite Spektrum der Wirtschaftskriminalität erlaubt keine eindeutige Zuordnung zu einem der beiden Extremfälle, weshalb beide Maßnahmen zu kombinieren sind (vgl. LÖW (2002), S. 226).

„Zur Schadensverhütung ist bei der Störungsquelle und damit den Ursachen der Wirtschaftskriminalität anzusetzen. Dabei ist besonders darauf zu achten, dass personelle mit institutionellen Ansätzen kombiniert werden."[103] Wie bei der Betrachtung des Wirtschaftskriminellen (vgl. Kapitel 3.4) herausgestellt wurde, ist ein Täter nicht oder kaum als solcher zu erkennen, da jeder potenziell beteiligt sein kann. Daher können personell orientierte Präventionsstrategien schnell an ihre Grenzen stoßen und bleiben damit oft wirkungslos (vgl. LÖW (2002), S. 226).

Namentlich als Maßnahmen können z. B. Alarmanlagen, Zugangsberechtigungen oder Frühwarnsysteme im Rechnungswesen und Controlling genannt werden.

6.1.2 Übertragen von Risiken - Risikotransfer

Trotz aller Präventivmaßnahmen kann kein vollständiger Schutz vor Wirtschaftskriminalität erreicht werden. Daher muss aus der Risikobeurteilung zunächst ein Überblick über die soziale, die technische und die ökonomische Dimension des Schadens abgeleitet werden. Auf dieser Basis kann dann die Strategie zur Bewältigung der finanziellen Auswirkungen ausgearbeitet werden. Die Bedeutung der Finanzierungsstrategie und der sich daraus ergebenden Maßnahmen wird durch die Tatsache betont, dass sich jedes Risiko letztlich in finanzieller Form auswirkt. Obwohl eine exakte Quantifizierung (Risikomessung) schwierig ist, lassen sich aufgrund der Risikobeurteilung kleine von mittleren oder großen Risiken der Wirtschaftskriminalität unterscheiden (vgl. LÖW (2002), S. 227).
Wird aus den genannten Überlegungen in Erwägung gezogen, das Risiko durch Versicherungsleistungen abdecken zu lassen, sind einige Sachverhalte zu berücksichtigen. „Auf dieser Grundlage ist der Maßnahmenentscheid nach folgendem Grundsatz vorzunehmen: Bagatellfälle, die für die Unternehmung tragbar sind, wenn sie auch wiederholt zu Schäden führen, sind nicht versicherungswürdig und können durch die Unternehmung selbst aufgefangen werden. Für mittelschwere Risiken ist der Versicherungsbedarf nach kaufmännischen Gesichtspunkten festzulegen."[104] Für Fälle, bei denen mit katastrophalen Auswirkungen

[103] LÖW (2002), S. 226.
[104] LÖW (2002), S. 227.

zu rechnen ist, drängt sich eine Transferlösung in Form einer Versicherung auf, zumal die Prämien in diesem Fall vergleichsweise günstig ausfallen (vgl. LÖW (2002), S. 227).

In Abbildung 16 werden die Strategien der Risikofinanzierung visualisiert.

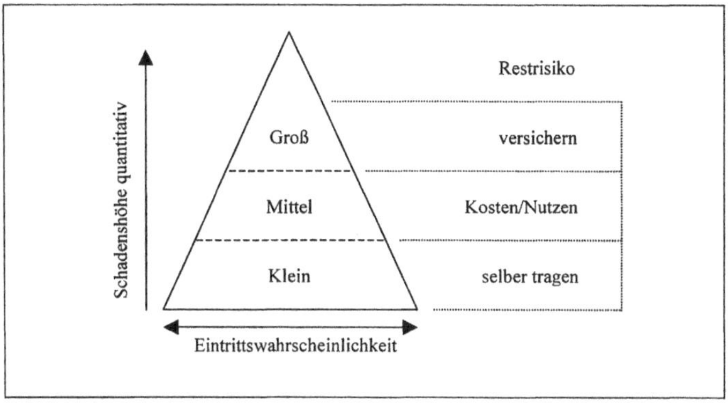

Abb. 16: Strategien der Risikofinanzierung

Quelle: Vgl. Schweingruber (2000), S. 15.

Wer sich mit dem Gedanken trägt, Risiken von Wirtschaftskriminalität durch eine Versicherung abdecken zu lassen, hat heutzutage mit einer so genannten Vertrauensschadenversicherung ein umfassendes und zweckmäßiges Mittel zur Hand. LÖW gibt einen Überblick über die zentralen Bereiche, die von einer solchen Versicherung eingeschossen sind (vgl. LÖW (2002), S. 227):

- **Vertrauensschäden**: Versicherbar sind zunächst einmal Vermögensschäden, die der Unternehmung aufgrund wirtschaftskrimineller Handlungen von Mitarbeitern entstehen. In der für diese Arbeit verwendeten Definition spielt die Schädigung durch Mitarbeiter die zentrale Rolle, sodass hier bereits ein großer Teil schädigender Vermögensverluste abgedeckt sind.

- **Schäden durch Dritte**: Obwohl die Möglichkeiten von Dritten, ohne Mitwirkung von im Unternehmen beschäftigten Personen, limitiert sind, treten natürlich auch Fälle dieser Art regelmäßig auf und können ebenfalls versichert werden.

- **Computerdelikte**: Auf Zunahme und Gefahr von Computerdelikten wurde bereits eingegangen. Daher ist die Versicherbarkeit derartiger Risiken von steigender Bedeutung.

Für kleinere und mittelständische Unternehmen kann es zwar auch sinnvoll sein, sich derartige Absicherungsmöglichkeiten anzusehen. Dort sind die Schäden, die zu versichern sind – also existenzielle Schäden – weit weniger ausgeprägt als in größeren Unternehmen. So bieten große und komplexe Unternehmen mehr Möglichkeiten und Gelegenheiten zu wirtschaftskriminellem Handeln, denn dort wo der Chef noch jeden Mitarbeiter persönlich kennt, fällt dies natürlich auch dementsprechend schwerer (vgl. LAMBRECHT & DE PAOLI (2003), o. S.).

6.1.3 Risiko vermeiden

Die Risikovermeidung oder Risikoeliminierung führt direkt zur eindeutigen Lösung eines Sicherheitsproblems. Erreicht wird dies durch Verzicht auf Erwartungen (vgl. HALLER (1986), S. 31). Jedoch wird dabei durch den Verzicht (z. B. auf Eigenfertigung) unter Umständen an den Unternehmenszielen zugunsten der Sicherheit gerüttelt. Denkbar sind Eliminierungsstrategien z. B. dann, wenn ein Produkt infolge des hohen Produkthaftungsrisikos nicht mehr rentabel ist und deshalb auf die Entwicklung oder Einführung verzichtet wird.

Im Bereich der Wirtschaftskriminalität ist eine Eliminierungsstrategie nur bedingt zu empfehlen und sollte genau geprüft werden, da ein bestimmtes Niveau bereits in fast jedem Bereich latent vorhanden ist und insbesondere Kerngeschäftsprozesse nicht eliminiert werden können.
Im Zusammenhang mit Outsouring-Konzepten kann jedoch darüber nachgedacht werden. So würde beim Ausgliedern von Teilen des Unternehmens auf Dienstleister auch die Gefahr für diese Prozesse und Bereiche auf externe Stellen transferiert. Eine Eindämmung oder Beseitigung des Gesamtproblems wäre damit natürlich nicht erreicht.

Eine solche Strategie bei der Bewältigung von Wirtschaftskriminalität im eigenen Unternehmen ist mit Vorsicht zu genießen und sollte bedacht eingesetzt werden.

6.1.4 Akzeptieren des Risikos

Das Risiko wird ohne Gegenmaßnahmen akzeptiert. Dies wird dann der Fall sein, wenn es sich um wenig bedrückende Delikte handelt. Also insbesondere bei Risiken, „(...) bei denen die damit einhergehenden Chancen und Gefahren Bestandteil des Kerngeschäfts des Unternehmens sind und die Risikoposition das Erreichen der strategischen Ziele und den Fortbestand des Unternehmens nicht gefährdet.“[105]
Wichtig hierbei zu erwähnen ist, dass das Risiko zwar ohne eventuelle Maßnahmen angenommen und akzeptiert wird, dies jedoch das Ergebnis aus einer

[105] MAIER (2001), S. 180.

Kosten-Nutzen-Entscheidung sein sollte. Es sollte ein aktiver Bewertungsprozess durchgeführt worden sein. Wird das Risiko z. B. aufgrund von Unwissenheit oder Verdrängung nicht in die Bewertung einbezogen, so muss es zwar zwangsläufig akzeptiert werden, was dann aber nicht mehr im Sinne dieser Arbeit als systematische Betrachtung und Bewältigung anzusehen ist.

6.1.5 Risiko selber tragen

„Das Selbsttragen geschieht oft unfreiwillig, als Überbleibsel an Risiken, das durch die übrigen Maßnahmen nicht erfaßt wurde."[106] Wird das Selbsttragen als Sicherungsmaßnahme angewendet, können dabei zwei Aspekte extrahiert werden - der passive und der aktive Aspekt (vgl. HALLER (1986), S. 32).

- **Passiv**: Bestimmt vor allem die Risikobereitschaft der Unternehmensleitung, wie weit Schäden bewusst in Kauf genommen werden und in wie weit man bereit ist, die Konsequenzen daraus zu tragen.

- **Aktiv**: Es können adäquate Mittel bereitgestellt werden, mit denen die Schäden aus eigener Kraft überwunden werden, ohne dass die Erwartungen der Unternehmung wesentlich beeinträchtigt werden.

Auch hier sei angemerkt, dass es durchaus Sachverhalte geben kann, die durch eine Geschäfts- oder Unternehmensleitung so eingeschätzt werden kann, dass ein Selbsttragen des Risikos als ökonomisch sinnvoller zu bewerten ist.

6.2 Prävention und Bekämpfung von Wirtschaftskriminalität

Es muss sinnvoller Weise differenziert betrachtet werden, ob präventive und bekämpfende Maßnahmen allgemeiner Natur sind – Betrachtung des Gesamtunternehmens - oder ob mit Einzelmaßnahmen auch nur in speziellen Bereichen oder für spezielle Delikte Erfolg erzielt werden kann. Dazu wird in der allgemeinen Betrachtung über häufig wiederkehrende Faktoren bei der Begünstigung von Wirtschaftskriminalität sowie allgemeine und unternehmensweite Maßnahmen zu deren Prävention und Bekämpfung nachgedacht.
In der speziellen Betrachtung wird der Fokus auf die einzelnen aus der Auswertung der Risikoanalyse stammenden Gradeinteilungen gelegt sowie Einzelmaßnahmen und Überlegungen dargestellt die speziell zur Bekämpfung von Delikten in den einzelnen Gruppen geeignet sind.

---

[106] HALLER (1986), S. 32.

6.2.1 Allgemeine Betrachtung

6.2.1.1 Begünstigende Faktoren als Ansatz

Eine Betrachtung von Einzelfällen in Studien oder die in der Literatur und in Umfragen angegebene Behandlung des Themas Wirtschaftskriminalität zeigt ganz klar, dass immer wieder dieselben Faktoren auftauchen, welche wirtschaftskriminelle Handlungen ermöglichen oder begünstigen, unabhängig von der Situation und den besonderen Bedingungen der einzelnen Unternehmung, ihrer Organisationsstruktur und ihren Mitarbeitern (vgl. u. a. ROTH (1994), S. 204 ff).

1.) Fehlendes Bewusstsein um die eigene Gefährdung

In der letzten Zeit findet sich das Thema Wirtschaftskriminalität immer wieder in den Medien. Trotz oder vielleicht gerade deswegen fehlt es bei vielen verantwortlichen Führungskräften an Bewusstsein über das Ausmaß der Gefährdung des Unternehmens. Die Gefahren und Risikozonen im Unternehmen werden nicht erkannt oder es herrscht die Überzeugung vor, dass zwar Gefahr besteht, jedoch nicht im eigenen Unternehmen (vgl. u. a. COMER (1987), S. 25 und ERNST & YOUNG (2003), S. 9). Mit Worten wie: „Wir wissen, was im Unternehmen passiert"; „Uns kann das nicht passieren" oder „Wir sind genug geschützt" wird versucht, die Gefahr zu relativieren.

Wirtschaftskriminalität wird bei oberflächlicher Betrachtung unter anderem mit Zusammenbrüchen bekannter Unternehmungen aufgrund deliktischer Machenschaften, Betrugsaffären mit zahlreichen involvierten Personen oder minutiös geplanten, einmaligen Coups mit riesigen Deliktsbeträgen assoziiert.
Die vorliegende Arbeit will aber gerade dabei den Fokus darauf legen, dass sich der Hauptteil der Wirtschaftskriminalität tagtäglich in kleinerem Rahmen mit geringeren Schadensbeträgen ereignet (vgl. auch ROTH (1994), S. 204). Leider wird dieser Umstand von den Verantwortlichen oft vernachlässigt. Entscheidend für den Schaden der Unternehmung aus Wirtschaftsdelikten ist nicht unbedingt der Schaden absolut gesehen, sondern genauer betrachtet seine Relation zur Finanzkraft des geschädigten Unternehmens. Dies ist vor allem für kleine und mittelständische Unternehmen interessant, denn der entstehende Schaden von einigen Tausend Euro kann im Vergleich zu einem größeren Unternehmen mit fünf- bis sechsstelligen Schadensbeträgen weitaus bedrohlicher für den Fortbestand und die Leistungsfähigkeit des Unternehmens sein. Bei den aktuell vorherrschenden Gewinnmargen sind auch kleine Beträge in den Fokus der Betrachtung zu bringen, da hier aufgrund der hohen Eintrittswahrscheinlichkeit durchaus ordentliche Summen ungewollt zu Lasten des Unternehmens berechnet werden. „Ebenso wird nicht wahrgenommen, das bereits die Mitnahme von wertmäßig

kleinen Dingen, wie Büromaterialien, Werbegeschenken, Werkzeugen oder Lagermaterialien, Zeitdiebstahl in den verschiedensten Formen, private Telefongespräche usw., unehrliche Mitarbeiter voraussetzen."[107] ROTH spricht damit die Wirtschaftskriminalität 1. Grades im Sinne dieser Arbeit an. Oft werden diese Fälle überhaupt nicht zum Bereich der Wirtschaftskriminalität gezählt oder es wird verdrängt, dass es bei der Bereicherung von mehreren Mitarbeitern über längere Zeit hinweg auf solche Weise, bereits durch Multiplikatoreffekte zu negativen Auswirkungen auf Wirtschaftlichkeit und Ertragskraft des Unternehmens kommen kann (vgl. auch HOFMANN (1990a), S. 137).

2.) Übermäßiges Vertrauen

Aufgrund des fehlenden Bewusstseins um die Gefahr von wirtschaftskriminellen Handlungen und ihrer Auswirkungen auf das Unternehmen haben Vorgesetzte und Geschäftsleiter oft zu großes Vertrauen in die Ehrlichkeit ihrer Mitarbeiter und Dritter und unterlassen auch aus diesem Grund die notwendige Aufsicht und adäquate Kontrollhandlungen. HOFMANN formuliert dieselbe Auffassung wie folgt: „Unverständlich ist vielfach das Verhalten von Unternehmensleitern zu Fragen der ungerechtfertigten Bereicherung. Für sie hat Vertrauen zu den ihnen unterstellten Mitarbeitern einen absoluten Stellenwert. Dabei gehen sie davon aus, dass die präventive Wirkung des internen Kontrollsystems und der unternehmensinternen Revision ausreiche, um Unterschlagungen zu unterbinden. Nicht berücksichtigt wird jedoch die Tatsache, dass aufgrund der permanenten technischen Entwicklung – insbesondere auf dem EDV-Sektor – und aus Wirtschaftlichkeitsüberlegungen bei der Implementierung des Überwachungssystems Schwächen und Lücken unvermeidbar sind."[108]
ROTH weist in diesem Zusammenhang darauf hin, dass es in kleinen Unternehmungen nur beschränkt möglich ist, ein internes Kontrollsystem einzubauen und daher mehr Gewicht auf die persönliche Überwachung durch den Unternehmensleiter zu legen ist (vgl. ROTH (1994), S. 205).

3.) Keine oder geringe Kontrollen

Auch bei der Frage nach Kontrollen und Kontrollmöglichkeiten wird deutlich, wie die bereits genannten Faktoren hierzu Dependenzen aufweisen. COMER führt verschiedene Punkte auf, aus welchen Gründen Unternehmensleitungen versäumen, Kontrollen einzurichten (vgl. COMER (1987), S. 24 ff):

- Fehlendes Bewusstsein um die eigene Gefährdung und übermäßiges Vertrauen;

[107] ROTH (1994), S. 204.
[108] HOFMANN (1990b), S. 238.

- fehlende Einsicht in die Wichtigkeit und Notwendigkeit von Kontrollen;

- in kleinen Unternehmungen sind die Grundsätze der internen Kontrolle, allen voran der Funktionstrennung, nicht immer durchführbar. Anstelle dieses Kontrolldefizit durch intensivere persönliche Überwachung durch den Vorgesetzten wieder auszugleichen, setzen die Vorgesetzten leichtsinnig auf volles Vertrauen in ihre Mitarbeiter;

- Arbeitsüberlastung und eigene betriebliche Probleme des Vorgesetzten kann vom Täter auch gezielt ausgenutzt werden, indem er z. B. nötige Unterschriften dann einholt, wenn der Vorgesetzte unter Druck steht. Der Täter rechnet dann damit, dass der Vorgesetzte unter solchen Umständen seine Kontrollhandlungen vernachlässigen wird;

- Befürchtung, dass durch Kontrollen eine Atmosphäre des Misstrauens entsteht, welche sich negativ auf das Arbeitsumfeld und die Arbeitsmotivation sowie das gesamte Arbeitsklima auswirkt (vgl. hierzu auch Kapitel 3.3.1).

- Das Finanz- und Rechnungswesen, die administrativen Abläufe sowie das Kontrollsystem wurden der durch die starke Expansion der Geschäftstätigkeit veränderten Unternehmenssituation nicht angepasst, sondern vernachlässigt.

Zur Kontrolle gehört ebenfalls ein zweckmäßiges, den Unternehmensbedürfnissen entsprechend eingerichtetes Finanz- und Rechnungswesen, das ordnungsgemäß geführt wird. Fehlt es jedoch, kann die Unternehmensentwicklung nicht angemessen überwacht werden und auch Unregelmäßigkeiten schlüpfen durch und Taten bleiben verdeckt (vgl. ROTH (1994), S. 206).

4.) Ausnützen von Gelegenheiten

In den Kapiteln 3.4.1.1 und 3.4.1.4 wurde bereits ausführlich auf die perzipierte Gelegenheit eingegangen und die Beziehungen zum subjektiven Motiv dargestellt. Betrachtet man das Ausnützen von Gelegenheiten jedoch zusätzlich unter dem allgemeinen Blickwinkel begünstigender Faktoren, wird eine Besonderheit auffällig. Die Studie von ERNST & YOUNG aus dem Jahre 2000 brachte hervor: „Die Hälfte der Täter arbeitete fünf Jahre und länger im Unternehmen, ein Viertel mehr als zehn Jahre.“[109] Dies lässt u. a. einige Schlüsse auf die Gründe zu (vgl. auch ROTH (1994), S. 111):

[109] BURSEG (2000), o. S.

- Eine Gelegenheit ergab sich erst nach ein paar Jahren z. B. durch den Wechsel des Arbeitsplatzes innerhalb des Unternehmens oder einer Änderung des Unterstellungsverhältnisses.
- Die Gelegenheit bestand bereits seit Beginn des Anstellungsverhältnisses, doch der Täter nützt sie erst nach Jahren aus.
- Der oder die Täter sind im Begriff eine eigene Unternehmung (oft im Konkurrenzverhältnis zur Opferunternehmung) zu gründen – hier ist insbesondere an Diebstahl von Waren oder Abwanderung von Betriebs- und Geschäftsgeheimnissen zu denken.

Das Ausnützen von Gelegenheiten für Delikte höheren Grades ist besonders interessant, weil es die nötige Voraussetzung für den/die Täter darstellt, das Delikt „erfolgreich" abzuschließen. Es müssen z. B. nötige Lücken im (internen) Kontrollsystem aufgedeckt und auskundschaftet werden bzw. muss herausgefunden werden, wo die Überwachung der Unternehmung an ihre Grenzen stößt. Dort befinden sich auch die meisten Risiken für hohen Schadensdurchschlupf, welcher sich dann im Periodenergebnis negativ auswirkt.

6.2.1.2 Allgemeine Möglichkeiten der Prävention und Bekämpfung

Möglichkeiten zur Verringerung des Risikos wirtschaftskrimineller Handlungen im Unternehmen gibt es einige. In dieser allgemeinen Betrachtung werden die Möglichkeiten angesprochen und erläutert, die insgesamt und delikts- bzw. gradunabhängig eine Senkung des Wirtschaftskriminalitätsniveaus erwarten lassen. Direkte Auswirkungen sind dabei kaum quantifizierbar und bringen meist kurzfristig wenig Erfolg. Jedoch ist beim vorhanden Niveau auch über die langfristige Änderung von Einstellungen und Verhalten nachzudenken, so dass diese allgemeinen Ansatzpunkte durchaus ihre Berechtigung haben.

1.) Unternehmenskultur

Unter Unternehmenskultur versteht man in der englischsprachigen Literatur: „The system of shared values, beliefs and habits within an organisation that interacts with the formal structure to produce behavioural norms."[110] BLEICHER versteht diesen Begriff etwas breiter und bezieht auch das in einer Organisation vorhandene Wissen in seine Definition ein: „Unter der Bezeichnung Unternehmenskultur werden allgemein das kognitiv entwickelte Wissen und die Fähigkeiten einer Unternehmung sowie die affektiv geprägten Einstellungen ihrer Mitarbeiter zur Aufgabe, zum Produkt, zu den Kollegen, zur Führung und zur

[110] SHARPLIN (1985), S. 102.

Unternehmung in ihrer Formung von Perzeptionen (Wahrnehmungen) und Präferenzen (Vorlieben) gegenüber Ereignissen und Entwicklungen verstanden."[111]

Die Unternehmenskultur ist für die Bewertung und Behandlung von Wirtschaftskriminalität in zweierlei Hinsicht relevant.
Erstens ist das ethische Klima in der Organisation – man könnte auch von organisatorischer Integrität sprechen – von großer Bedeutung. Maier formuliert dies wie folgt: „Je geringer die Integrität der Organisation und der einzelnen Mitarbeiter, desto grösser ist ceteris paribus (..) auch die Gefahr von Wirtschaftskriminalität."[112]
Zweitens ist die Einstellung auch gegenüber Risiken, Kontrollen und Steuerung ein wichtiges Thema. Je weniger die Unternehmensleitung und als Folge davon auch die Mitarbeiter Wert auf Kontrolle und Steuerung legen, desto größere Risiken werden damit eingegangen und desto größer ist ceteris paribus die Gefahr von wirtschaftskriminellen Handlungen (vgl. MAIER (2001), S. 158).

Das Fehlen einer guten Unternehmenskultur – somit auch ein angenehmes Arbeitsumfeld und höhere Motivation - kann, wie bereits erwähnt, zu negativen Folgen führen, indem es von sich aus Motive zur Begehung von Wirtschaftskriminalität (u. a. Rache, Vergeltung, Langeweile) hervorbringt (vgl. auch Kapitel 3.3.1).

Um eine angenehme Unternehmenskultur erreichen zu können, muss von allen Mitarbeitern ein Beitrag geleistet werden. Insbesondere gilt dies aber für die Geschäftsleitung und andere Führungspositionen, die durch aktive Gestaltung der Rahmenbedingungen zur Besserung des Arbeitsumfeldes beitragen können. Erfahrungsgemäß empfinden Mitarbeiter eine vertrauensvolle Beziehung zu den Vorgesetzten als angenehm. Um mit übermäßigem Vertrauen nicht wieder in den Bereich der begünstigenden Faktoren zu geraten, muss dies durch Überwachung und Kontrolle – auch zu Lasten der Unternehmenskultur – eingedämmt werden. Auch hier sei der Beitrag der Personalauswahl als Möglichkeit zur Verbesserung der Unternehmenskultur bzw. zur Verringerung des Risikos wirtschaftskrimineller Handlungen angesprochen.

2.) Kontrolle und Überwachung

„Unter Überwachung versteht man (...) alle Maßnahmen, die das Ziel haben, ein Urteil über die Vorschrifts- und/oder Zweckmäßigkeit ausgeführter Handlungen zu bilden; ob es sich bei jeder einzelnen Überwachungshandlung um einen Soll-Ist-Vergleich handeln muss wie die Literatur fast einhellig schreibt, oder ob

[111] BLEICHER (1999), S. 228.
[112] MAIER (2001), S. 158.

nicht auch andere Tätigkeiten vorkommen, soll hier bewusst offen gelassen werden. Wichtig ist allein das Ziel der Urteilsbildung."[113]

Die Hauptaufgaben der Überwachung sind (vgl. EGNER (1980), S. 16 f und ROTH (1994), S. 124 f):

- Prävention oder Verhaltensbeeinflussung: Jeder in der Unternehmung Tätige soll durch die Kenntnis der Überwachung dazu angehalten werden, die organisatorischen Regelungen und Planvorgaben zu beachten.

- Detektiver Effekt oder Information: Vorgekommene positive wie negative Abweichungen zwischen Soll und Ist sollen aufgedeckt werden.

„Bei der Bekämpfung von Wirtschaftskriminalität steht derjenige Aspekt der Überwachung im Vordergrund, der sich auf die negativen Abweichungen bezieht, die einerseits bei der Begehung von Wirtschaftsdelikten entstehen und die andererseits als Resultat der deliktischen Handlungen entstehen."[114]

Insbesondere aus der von KPMG durchgeführten Untersuchung lassen sich für Kontrollüberlegungen unterschiedliche allgemeine Präventions- und Bekämpfungsstrategien ableiten. Unter anderem sind zu nennen (vgl. KPMG (2003), S. 17):

- Organisationsanweisungen
- Verbesserungen im internen Kontrollsystem
- Gebäudesicherheitskonzepte
- Stärkere Einbindung in Unternehmenssicherheit
- Controlling mit dem Fokus auf Wirtschaftskriminalität

Als Überwachungsträger kann und muss jeder Teil haben. Geschäftsleitung und Mitarbeiter, Aktionäre und Aufsichtsrat in börsennotierten Unternehmen und als spezielles internes Kontrollorgan die interne Revision. Die Beschäftigung mit Wirtschaftskriminalität ist heute nicht mehr die Hauptlegitimation für die interne Revision, gehört aber eindeutig weiterhin zum Aufgabenkatalog.
Verschoben hat sich jedoch der Schwerpunkt. Während früher der Aufdeckung von Wirtschaftskriminalität sehr starkes Gewicht beigemessen wurde und sich die Prävention durch die interne Revision fast ausschließlich auf die abschreckende Wirkung der Existenz einer solchen Abteilung beschränkte, steht heute meist die eigentliche Prävention im Vordergrund (vgl. MAIER (2001), S. 144).

---

113 EGNER (1980), S. 18.
114 ROTH (1994), S. 125.

3.) Revision

Über die Bedeutung der Revision wurde ansatzweise bereits nachgedacht. In diesem Kapitel werden kurz die zwei Arten der Revision (externe und interne) unterschieden.

Entsprechend § 316 Abs. 1 HGB ist für alle Kapitalgesellschaften, die nicht klein im Sinne des § 267 Abs. 1 HGB sind, die Prüfung des Jahresabschlusses und des Lageberichts vorgeschrieben. Prüfungsgegenstand sind die im Gesetz genannten Komponenten der Rechnungslegung; namentlich sind dies Buchführung, Bilanz, Gewinn- und Verlustrechung, Anhang sowie Lagebericht. Der Zweck der Jahresabschlussprüfung (häufig auch als externe Revision bezeichnet) ist dabei die Prüfung auf Gesetz-, Satzungs- und Ordnungsmäßigkeit, in deren Verlauf untersucht wird, ob alle buchungspflichtigen Geschäftsvorfälle richtig erfasst wurden und sich entsprechend in den Belegen und Büchern sowie im Jahresabschluss niedergeschlagen haben (vgl. KOHL (1991), S. 223).

Im Gegensatz zur externen Jahresabschlussprüfung ist die interne Revision, wie der Name bereits andeutet, ein unternehmensinternes Instrument. Man versteht dabei unter dem Begriff der internen Revision im Allgemeinen „(...) eine unabhängige Funktion zur Überwachung der Aktivitäten des Unternehmens im Auftrag der Leitung, die die Prüfung und Beurteilung der vorhandenen Kontrollen einschließt.“[115]
In der Regel verfügen nur mittlere und größere Banken sowie Großunternehmen anderer Wirtschaftszweige (meist Konzerne) über eine interne Revision. Kleine und mittelständische Unternehmen benutzen dagegen nur in den seltensten Fällen ein solches Instrument (vgl. u. a. BOSSARD (1979), S. 143).
Im Zuge der immer stärker werdenden Konzentrationstendenzen, wodurch mehr und mehr mittelständische Unternehmen in Konzerne eingebunden werden, dürfte zumindest langfristig diese Einschränkung an Bedeutung verlieren.

Empirisch lies sich ermitteln, dass 64 % der befragten Unternehmen Maßnahmen bei der stärkeren Einbindung der internen Revision ergriffen haben, um das Risikomanagement im Allgemeinen sowie im Hinblick auf die Vermeidung wirtschaftskriminellen Verhaltens zu verbessern. 20 % der Befragten ergriffen die Möglichkeit, Sonderuntersuchungen durch Wirtschaftsprüfer vornehmen zu lassen (vgl. KPMG (2003), S. 17).

4.) Aufklärung und Information

Der wohl wichtigste Aspekt ist die Aufklärung. Was nicht direkt Wirkung erkennen lässt und trivial wirkt, kann bei der Prävention eine entscheidende Rolle

[115] KOHL (1991), S. 230.

spielen. Hierbei ist wichtig, dass den Mitarbeitern in Gesprächen, Seminaren oder anderen Veranstaltungen nahe gelegt wird, welche Auswirkungen ein normabweichendes – wirtschaftskriminelles – Handeln auf das Unternehmen und somit auf die Arbeitsplätze hat, wo dieses verfehlende Verhalten beginnt und welche Sanktionen zu erwarten sind. Eine Aufklärung sollte auch dahingehend ausgelegt sein, dass Führungskräften die Gefahr überhaupt bewusst gemacht wird und sie erlernen, wie Wirtschaftskriminalität erkennbar sein kann.
Ganz besonders sollte dabei darauf geachtet werden, dass die Aufklärungs- und Erklärungsaktionen gruppenspezifisch ausgelegt sind. So sind die zu erlernenden Inhalte eines Bandarbeiters, eines Sachbearbeiters in administrativer Tätigkeit und die eines Manager grundverschieden.
Durch die Möglichkeiten der Einflussnahme kann zwar Wirtschaftskriminalität nicht restlos bekämpft werden, oft fehlt es aber auch nur an der Einsicht, dass der tolerierbare Bereich bei weitem überschritten ist und somit negativ auf das Periodenergebnis wirkt.

Wird jedoch die differenzierte Betrachtung von Unternehmen unterschiedlicher Größe weitergeführt, wird deutlich, dass es viele Unternehmen gibt, die keine oder geringe Kontrollinstitutionen wie die interne Revision haben. Um dem Rechnung zu tragen werden im nachfolgenden Kapitel speziell für die erarbeiteten Gradeinteilungen Darstellungen angefügt.

6.2.2 Spezielle Betrachtung

Die unterschiedliche „Schwere" der Wirtschaftskriminalität erfordert eine differenzierte Betrachtung auch dahingehend, wie aktiv spezielle Möglichkeiten wirken können. So müssen z. B. aus einem Zeitdiebstahl andere Konsequenzen und Maßnahmen abgeleitet werden als dies bei Betrugs- oder Vertrauensbruchdelikten der Fall ist. Dementsprechend ist die Betrachtung nach der Gradeinteilung sinnvoll.

6.2.2.1 Wirtschaftskriminalität 1. Grades

Bei der Wirtschaftskriminalität 1. Grades handelt es sich hauptsächlich um „weiche" Delikte, deren Schaden sich für das Unternehmen auch bei hoher Eintretenswahrscheinlichkeit in Grenzen hält.

Zeitdiebstahl und Leistungsmissbrauch sind dabei die auffälligsten Sachverhalte. Eine Bewertung kann hier nur mit Hilfe des Menschenverstandes geführt werden, da es nahezu unmöglich ist, eine feste Abweichungsskala vom Soll als Norm zu definieren. Sind 5 Minuten überzogene Pause bereits Grund für harte

Sanktionen? Wie wird es bei 10 Minuten zu bewerten sein? Können in der Person oder Situation liegende Gründe dieses Ergebnis verändern?
Sanktionen oder Maßnahmen gegen die genannten Delikte sind nur dann angesagt, wenn der Betriebsablauf erheblich gestört wird und sie über das tolerierbare Maß hinausgehen. Dies ist dann der Fall, wenn kriminelle Aktionen im eigentlichen Sinne hinzukommen, wie dies bei Fälschung von Anwesenheitsdaten (z. B. Pseudostempelungen durch Kollegen usw.) der Fall wäre.

Auch über den juristisch nicht eindeutig geklärten Sachverhalt des „Blaumachens" insbesondere an Montagen und/oder Freitagen muss einzelfallsystematisch vorgegangen werden. In dieser Grauzone zwischen Gesundheit und Krankheit fällt jeder Mensch eine Entscheidung und definiert sich schon als krank oder noch als gesund. Sobald eine Entscheidung auf ein Fernbleiben vom Unternehmen hinausläuft, wird von motivationsbedingten Fehlzeiten gesprochen (vgl. BRÖCKERMANN (2001), S. 302). Zu bedenken ist dabei aber auch, dass diese Fehlzeiten rund ein Drittel der gesamten Fehlzeiten ausmachen (vgl. u. a. MEISEL (1995), S. 273 und NIEDER (1988), S. 387).

Zu erwähnen ist ebenfalls, dass sich durch diese Vergehen der Wahrnehmung nach hohe positive Effekte für die Arbeitsleistung erwarten lassen. In der Praxis wird dies oft mit folgendem Beispiel verdeutlicht:

Verglichen werden zwei Mitarbeiter, wobei einer in der Mittagspause nach Hause fährt, der andere in der Kantine zu Mittag isst. Die Stempelung der Pause wird nicht durchgeführt. Der „Kantinengänger" kann pünktlich zum vereinbarten Ende der Pause wieder am Arbeitsplatz erscheinen. Der andere Mitarbeiter verspätet sich z. B. aufgrund der Verkehrslage um einige Minuten. Wie kann nun der vorliegende Zeitdiebstahl bewertet werden?
Die positiven Effekte liegen auf der Hand: Mitarbeiter, die wirklich erholsame Pausen machen, können höhere Leistungen (insbesondere bei Konzentrationsarbeiten) liefern und ermüden später. Auch andere positive Effekte, wie z. B. Motivation und Zufriedenheit, können noch in die Bewertung einbezogen werden.

Gleiches gilt z. B. für die Benutzung des Internets. Der Mitarbeiter erkundigt sich nach einer Reise im Internet und findet dabei ein Angebot, welches er direkt buchen kann. Er erspart sich den Stress, der anfällt, wenn er in der Mittagspause ins Reisebüro zu hetzen gezwungen ist. Auch er wird den Schaden durch Zeitdiebstahl und/oder Leistungsmissbrauch ökonomisch ausgleichen können.

Wirtschaftskriminalität 1. Grades ist fast ein Bedürfnis des Menschen, um sich an seinem Arbeitsplatz wohl fühlen zu können. Eine gewisse Gestaltungsfreiheit des Arbeitsumfeldes kann für den Mitarbeiter auch im Sinne der Unternehmenskultur positiv wirken. Wie dargestellt, muss beachtet werden, dass nur Abweichungen zu sanktionieren sind, wenn sie nicht ausreichendem Nutzen gegenüberstehen und in wiederholter Form auftreten. Liegt ein Fall vor, bei dem eine Sanktion – z. B. eine Abmahnung oder Kündigung – angebracht ist, sollte diese auch verhängt werden, um auch präventiv darzustellen, dass der Vertrauensrahmen des Unternehmens Grenzen hat.

6.2.2.2 Wirtschaftskriminalität 2. Grades

Die Wirtschaftskriminalität 2. Grades bedarf besonderer Betrachtung, da es sich um Fälle handelt, die im geringsten Maße tolerierbar sind. Bereits in dieser Kategorie ist eine hohe kriminelle Energie zu erkennen, da mit viel Aufwand versucht wird, dem Unternehmen Schaden zuzufügen. Vertreten sind dabei vor allem Diebstähle größeren Ausmaßes aus Lagern, Sabotageakte, Computerkriminalität sowie Dokumentenfälschung.

Die Dokumentenfälschung kann in Kombination mit nahezu allen Delikten auftreten, wobei sie bei Betrugs- und Diebstahldelikten am Häufigsten anzutreffen ist. Die Unternehmen haben dabei oft damit zu kämpfen, dass z. B. Diebstähle (berichtet wurde von gesamten LKW-Ladungen) durch Dokumentenfälschungen verdeckt oder zumindest zeitlich verschoben dargestellt wurden.

Es wird damit besonders wichtig, dass Kontrollinstrumente auch hier wirken können. Zur Verminderung der Gefahr von Diebstählen gibt es einige Möglichkeiten, bei welchen auch gleichzeitig präventiv vorgegangen werden kann.
Mit Zutrittsbeschränkungen oder Zugriffsberechtigungen kann aktiv ein Personenkreis definiert werden, dem der Zutritt zu bestimmten Lokalitäten gestattet ist oder dem Zugriffsrechte auf Warenwirtschaftssysteme gewährt wird. So wird der Möglichkeit Rechnung getragen, sich in der Menge (der Verdächtigen) zu verstecken und eine Nachvollziehbarkeit damit unmöglich zu machen.
Als hilfreich und auch präventiv wirksam hat sich die zufällige Kontrolle von Mitarbeitern beim Verlassen des Unternehmens herausgestellt. Einsatz findet diese Methode vor allem in Produktions- und Montagehallen, wo teuere Kleinprodukte, Werkzeuge oder sonstiges Material das Unternehmen verlassen könnten. Ein solches System wird in der Praxis wie folgt angewendet: Beim Verlassen des Unternehmens sind die Mitarbeiter gezwungen, das Betriebsgelände durch eine Drehkreuzanordnung zu verlassen, die durch Betätigung eines Knopfes bewegt werden. Dabei wird zufällig eine Auswahl getroffen, bei der eine Kontrolle der Taschen oder Koffer folgt. Um nicht einseitig zu argumentieren muss dabei beachtet werden, dass dies auch als Schikane aufgefasst werden kann. Diese Gefühl ist ebenfalls durch Aufklärung und Information zu relativieren und ist so zu gestalten, dass keine negativen Folgen für das Betriebsklima zu erwarten sind. Die Zustimmung der Mitarbeiter, vertreten durch den Betriebsrat,

ist natürlich selbstverständlich. Im Gegenzug sollte aber die Möglichkeit gewährt werden, nach Absprache mit dem Fachvorgesetzten, z. B. Maschinen oder Geräte leihweise privat zu nutzen, wenn nicht vom Unternehmen dabei bereits Leistungsmissbrauch unterstellt wird. Berichtet wurde von insgesamt positiven Erfahrungen mit der Einführung von Ausgangskontrolleinrichtungen, auch hinsichtlich ihrer präventiven Wirkung. Wenn eine solche Kontrolle besteht, sinkt erfahrungsgemäß die Rate der Diebstähle aus gesteigerter Angst, erwischt zu werden.

Besteht nun ein konkreter Diebstahlverdacht, dürfen Unternehmen, so eine Entscheidung des Bundesarbeitsgerichts (BAG) in Erfurt, ihre Angestellten heimlich mit der Videokamera filmen. Die Richter hatten im speziellen Fall die Frage zu entscheiden, ob dies ein Eingriff in die Persönlichkeitsrechte der Klägerin darstelle. Die Entscheidung wurde damit begründet, dass es bei ausreichendem Verdacht hinzunehmen sei (vgl. FINANCIAL TIMES DEUTSCHLAND (2003), o. S.).

Fallbeispiel:

„Die Frau arbeitete seit 1994 in einem Getränkemarkt. Weil wiederholt Geld fehlte, installierte die Firma im März und im September 2000 im Kassen- und Leergutbereich zwei verdeckte Kameras. Aufnahmen im November 2000 ergaben den Angaben zufolge den dringenden Verdacht (...). Mit Zustimmung des Betriebsrates wurde ihr gekündigt.

Die betroffene Frau (...) klagte und machte geltend, dass heimlich gemachte Videoaufnahmen nicht als Beweismittel gegen sie verwendet werden dürfen. Arbeitsgericht und Landesarbeitsgericht hatten die Klage beziehungsweise Berufung der Frau bereits zurückgewiesen. Die obersten Arbeitsrichter wiesen die Revision der Klägerin ebenfalls zurück und erklärten, der Verdacht gegen die Frau sei hinreichend begründet gewesen.“[116]

Bei Korruptions- und Bestechungsdelikten ist Aufklärung ebenfalls ein Thema. Jedoch erfordert die Bekämpfung härtere Mittel, da hier bereits ein hohes Maß an Reputationsschaden entstehen kann, wenn öffentlich wird, wie Geschäftstätigkeiten derart ausgeführt werden. Hier sind klare Regelungen zu treffen, die keine Ausflüchte zulassen. Verwiesen werden soll dabei insbesondere auf die Publikation der Internationalen Handelskammer „ICC-Verhaltensrichtlinien zur Bekämpfung der Korruption im Geschäftsverkehr“ (vgl. INTERNATIONAL CHAMBER OF COMMERCE (1998), o. S.). Das Unternehmen sollte versuchen hierbei jedes Mittel darauf auszurichten, die Transparenz von Prozessen weiter zu steigern und Lücken im Kontrollsystem einzudämmen.

[116] GOWERS (2003), o. S.

Wobei sich Wirtschaftskriminalität 1. Grades fast vollständig der arbeitsrechtlichen Diskussion entzieht, muss der Fall für die Wirtschaftskriminalität 2. Grades anders bewertet werden. Mit Diebstählen durch Mitarbeiter wird in der Regel arbeitsrechtlich sanktionierend umgegangen. Bei Kleindelikten (auch Wirtschaftskriminalität 1. Grades zuordenbar) wird sich dies auf Ermahnungen beschränken. Bei größeren Abweichungen sind auch Abmahnungen denkbar, wenn die Faktenlage klar ausgearbeitet wurde.
Werden jedoch größere Delikte begangen, reichen genannte Sanktionsmöglichkeiten nicht aus. Arbeitsrechtlich sind Kündigungen mit Bezug auf den Delikt auszusprechen. Oft wird in diesen Fällen nach § 626 BGB oder Verweis auf eine Klausel im Arbeitsvertrag „aus wichtigem Grund" fristlos gekündigt. Zusätzlich kann und sollte in schweren Fällen der Sachverhalt auch strafrechtlich gewürdigt werden, da der Mitarbeiter durch juristische Möglichkeiten sanktioniert wird und zudem wieder eine Abstrahlung auf das Verhalten und die Einstellung der anderen Mitarbeiter zu erwarten ist (vgl. ausführlicher Kapitel 6.3).
Bei Korruptions- und Bestechungsdelikten sollte zudem über die Mitschuld des Beteiligten (z. B. eines Lieferanten oder Dienstleisters) nachgedacht werden. Häufig wird z. B. der Lieferant aus dem Lieferantenverzeichnis entfernt und die Beziehung aufgelöst. Existenzielle Folgen hat dies für Unternehmen, die, wie z. B. in der Automobilbranche weit verbreitet, nur einem Unternehmen oder Konzern zuarbeiten.

6.2.2.3 Wirtschaftskriminalität 3. Grades

Bei Wirtschaftskriminalität 3. Grades geht es um Delikte, die ein bedenklich hohes Potenzial krimineller Energie enthalten. Um derartige Delikte umzusetzen ist ein hoher planerischer Aufwand und hohes Verständnis für Abläufe und Prozesse Voraussetzung. Hier betroffen sind unter anderem Bereiche, in denen sensible Arbeit höchste Priorität hat und damit jeder Fall ein hohes Maß an Vertrauensschädigung beinhaltet. Bekannt werden solcher Sachverhalte hat oft (fast ausschließlich) einen enormen Reputationsschaden zur Folge.
Bei Wirtschaftskriminalität 3. Grades ergeben sich sehr viele Probleme, da kaum Möglichkeiten für die Unternehmen bestehen, hier präventiv oder repressiv vorzugehen. Eine Auswahl von geeignetem Personal muss hier, wie aber auch in anderen Bereichen, besonders fokussiert werden. Da die meisten dieser Fälle von Vertrauenspositionen aus begangen werden, ist es enorm wichtig, dass hier viele Personen prüfend und kontrollierend eingreifen können – nach dem Vier-Augen-Prinzip.
Unabhängig von der Position, aber trotzdem auf die jeweiligen Gegebenheiten abgestimmt, kann auch die Aufklärung und Information in höheren Hierarchiestufen den gewünschten Erfolg bringen. Es muss eine erweiterte Sensibilität al-

ler Mitarbeiter im Bezug auf das Thema Wirtschaftskriminalität erreicht werden, um auch diese schweren Delikte eindämmen zu können.

Leider werden oft Delikte von Leitungsträgern nicht oder nur bedingt sanktioniert, um mögliche externe Folgen abzuwenden. Die Probleme bei der Bekämpfung der Wirtschaftskriminalität – insbesondere auch die Einschaltung der Strafbehörden – soll in Kapitel 6.2.3 Rechnung getragen werden.

Wirtschaftskriminalität 3. Grades ist zwar tendenziell eher weniger wahrscheinlich, wobei einzelne Delikte im Bereich Betrug und Unterschlagung durchaus auftreten können. Besonders gefährdet ist dabei der in Kapitel 4.4.4 angesprochene Finanzbereich. Die meisten Betrugsfälle weist mit 51 % eindeutig der Finanzsektor auf (vgl. GOWERS (2001), o. S.).

FISCHER, Leiter des Geschäftsbereichs „Forensic Services Deutschland" von ERNST & YOUNG ist für rigoroses Durchgreifen, wenn Fälle entdeckt werden. So sollte dann die Kündigung folgen, grundsätzlich ist Strafanzeige zu erstatten und eine Zivilklage auf Schadensersatz anzustrengen. Er spricht von „hygienischen Gründen", die dokumentieren, dass dieses Verhalten andere Arbeitsplätze gefährden kann und vom Unternehmen in keinem Fall geduldet wird (vgl. BURSEG (2000), o. S.).

6.2.3 Probleme bei der Prävention und Bekämpfung von Wirtschaftskriminalität

Dieses Kapitel soll angefügt werden, um auch Unternehmen einen Anstoß zum Nachdenken über mögliche Bekämpfungshemmnisse geben zu können. Über die Schwierigkeiten, Wirtschaftskriminalität definieren, erkennen, aufdecken und bekämpfen zu können wurden im Laufe der Arbeit einige Aussagen getroffen. Oft hängt dies mit der Komplexität der Fälle oder dem hohen Durchschlupf zusammen, jedoch ist es auch denkbar, dass das Unternehmen eigene Hemmnisse bei der Bekämpfung aufwirft.

Werden wirtschaftskriminelle Handlungen von den Unternehmen entdeckt, können verschiedene Gründe Hemmnisse sein, den Sachverhalt zur Anzeige zu bringen. Unter anderem werden genannt (vgl. u. a. auch EGLI (1985), S. 23 ff und BERTLING (1963), S. 108 ff):

- Bequemlichkeit aufgrund nur geringen Schadensausmaßes,
- Bedenken hinsichtlich einer negativen Öffentlichkeitswirkung,
- Befürchtung eines langen juristischen Prozesses,
- Angst, als Denunziant zu gelten,
- Solidarität gegenüber dem Täter (z. B. wegen der Vertrauensposition),

- Angst vor gesellschaftlichen und wirtschaftlichen Folgen sowie eigener Strafverfolgung sowie die
- „Einschätzung, dass die Möglichkeiten einer Strafverfolgung und/oder die Rückführung der gestohlenen Vermögensgegenstände unzureichend sein würden."[117]

Demnach haben präventive und bekämpfende Maßnahmen auch ihren Preis, nämlich als Einschränkung von Freiheit durch Ausweitung von Kontrollen. Im innerbetrieblichen Bereich verursachen präventive Maßnahmen außerdem Kosten, so dass die Frage, die aufgeworfen wird, ob nicht letztendlich die Kosten dieser Maßnahmen höher seien als der eventuell durch Begehung des Deliktes entstehende Schaden, keiner Patentlösung zugeordnet werden kann. Die Frage muss vielmehr betriebsindividuell durch einzelne Kosten-Nutzen-Betrachtungen entschieden werden.

6.3 Nachfolgende Maßnahmen gegen den Täter

FISCHER ist, wie bereits erwähnt, für rigoroses Durchgreifen, wenn Fälle entdeckt werden. Er spricht hierbei von „hygienischen Gründen".
Die Entscheidung über die Maßnahmen gegen den oder die Täter ist der Aufgabe des Managements zuzuordnen. Die Palette der Möglichkeiten hierbei ist lang. Im Folgenden soll in Anlehnung an MAIER über disziplinarische, strafrechtliche und zivilrechtliche Möglichkeiten sowie die Variante „Duldung" nachgedacht werden. Abgesehen von der Variante „Duldung" lassen sich die einzelnen Möglichkeiten beliebig miteinander kombinieren (vgl. MAIER (2001), S. 263 ff).

- **Disziplinarische Maßnahmen:** Dies umfasst die bereits mehrfach erwähnten unternehmensinternen Maßnahmen wie Ermahnung, Abmahnung oder Kündigung. Sieht eine Betriebsnorm, der Verhaltenskodex, die Fraud Policy oder eine andere Richtlinie des Unternehmens z. B. eine Kündigung als Reaktion auf ein bestimmtes Delikt vor, sollte das Management bei der Aufdeckung eines solchen Delikts unbedingt auch entsprechend handeln. Diese Forderung nach konsequenter Verhängung derartiger Maßnahmen im Zusammenhang mit Wirtschaftskriminalität findet sich auch bei HOFMANN wieder (vgl. HOFMANN (1990c), S. 186).

- **Strafrechtliche Maßnahmen:** Dazu ist von Unternehmensseite aus die Polizei oder Staatsanwaltschaft einzuschalten. BERNASCONI schreibt dazu: „Aber auch die Anzeigenpolitik eines Unternehmens kann eine wirksame Prävention darstellen. Wenn sich der betrügerische Operator darauf verlassen kann, dass das Unternehmen ohnehin keine Strafanzeige

[117] PRICEWATERHOUSECOOPERS (2001), S. 19.

machen wird, wird er seine verbrecherischen Handlungen viel hemmungsloser vornehmen."[118] Oft wird jedoch auf die Einschaltung der Strafverfolgungsbehörden verzichtet, was den präventiven Effekt relativiert (vgl. auch Kapitel 6.2.3).

- **Zivilrechtliche Maßnahmen:** Eine Klage auf Schadensersatz ist auch unabhängig von einem strafrechtlichen Verfahren möglich. Ein solches Vorgehen dient allerdings weniger der Sanktionierung des Täters als mehr der Wiederbeschaffung von Vermögenswerten.

- **Duldung:** Mit dem Term Duldung soll nicht nur absolute Untätigkeit erfasst werden, denn dies würde bedeuten, dass man den Täter gewähren lässt. Solche Situationen dürften zwar eher selten sein, sind aber durchaus denkbar. Duldung umfasst all jene Handlungsmöglichkeiten, die nicht unter die anderen drei hier dargestellten Gruppen fallen. So wären z. B. Vertuschungsaktionen wie ein bloßes Unterbinden des Verhaltens ohne weitere Maßnahmen, eine Trennung von diesem Mitarbeiter „in gegenseitigem Einvernehmen" und einem goldenen Handschlag oder eine Versetzung auf eine andere Position Duldung in diesem Sinne. Egal um welches Ausmaß an Untätigkeit es sich handeln mag, im Vergleich zu den anderen Möglichkeiten dürfte es in den meisten Fällen als die schlechteste Entscheidung zu bewerten sein, wobei es im Einzelfall durchaus Gründe geben mag, die für dieses Vorgehen sprechen.

[118] BERNASCONI (1988), S. 26.

7. KRITISCHE WÜRDIGUNG UND SCHLUSSBETRACTUNG

7.1 Zusammenfassende Betrachtung

Die vorangegangen Ausführungen haben gezeigt, welchem Risiko Unternehmen durch Wirtschaftskriminalität ausgesetzt sind – materieller sowie immaterieller Art. Die Notwendigkeit für die Bekämpfung von Wirtschaftsdelikten ergibt sich einerseits aufgrund der hohen finanziellen Schäden und andererseits aufgrund der Schädigung des Vertrauens (z. B. Reputationsschäden).

Probleme stellten sich dabei bereits bei der definitorischen Abgrenzung relevanter Sachverhalte, da eine ungeahnte Vielfalt von Delikten und Verfehlungen möglich sind, deren Aufdeckung jeweils ganz unterschiedliche Anforderungen benötigt. Wie die Aufdeckung an sich bereits ein Problem darstellt wird dann deutlich, wenn man an die hohe, kaum schätzbare Dunkelfeldkomponente denkt.

Deutlich wurde auch, dass Wirtschaftskriminalität aus unterschiedlichsten Motiven und Antrieben entstehen kann. Bei der Betrachtung des menschlichen Verhaltens und Handelns wurde deutlich, dass im genannten Fraud Triangle drei Faktoren entscheidend für das Auftreten von Wirtschaftskriminalität sind: Das subjektive Motiv, die perzipierte Gelegenheit und die Fähigkeit zur Rationalisierung. Die wahrgenommene Gelegenheit ist für die Präventions- und Bekämpfungsmöglichkeiten von großem Interesse, da hier aktiv aus Unternehmensseite an der Verringerung der Eintrittswahrscheinlichkeit gearbeitet werden kann. Auch die allgemein durch schlechtes Betriebsklima oder fehlende Unternehmenskultur aufgeworfenen Sachverhalte können Wirtschaftskriminalität fördern.

Die Betrachtung der einzelnen Unternehmensbereiche hat gezeigt, wo Gefährdungen besonders häufig zu erwarten sind. Der Finanzsektor als solcher bietet ganz besondere Angriffsmöglichkeiten und sollte dementsprechend auch ausreichend kontrolliert und geschützt werden. Oft wird verdrängt, dass die Gefahr auch auf Führungsebene und somit in vertrauensvollen Positionen entstehen kann. Erschreckend ist die Erkenntnis, dass über die Hälfte – annähernd zwei Drittel – der Delikte von internen Tätern begangen wird. Die Gefahr als solche wird meist nicht erkannt, da die Unternehmen von der Wahrnehmung ausgehen, ihre Mitarbeiter zu kennen und deren Machenschaften unter Kontrolle zu haben.

Die Bewertung der Delikte in den einzelnen Graden konnte zeigen, dass insbesondere Wirtschaftskriminalität 1. Grades latent auf hohem Niveau vorhanden ist. Jedoch wurde auch deutlich, dass die Fokussierung insbesondere auf Delikte höheren Grades gelegt werden sollte, bei denen sich Erweiterungen von Kontrollen oder die Ausweitung sonstiger Maßnahmen rechnen können. Bei Wirtschaftskriminalität 2. Grades kann am wirkungsvollsten eingegriffen werden.

Die Methoden (wie z. B. Zutrittsbeschränkungen, 4-Augen-Prinzip usw.) können direkt eingesetzt werden und wirken meist umgehend. Eine Einführung solcher Sicherungsmöglichkeiten hat zudem Auswirkung auf das Verhalten aller Mitarbeiter vor Begehung von Taten und kann Gelegenheiten, Motive oder die Fähigkeit zur Rationalisierung über die Erhöhung der inneren Moral- oder Wertvorstellungsgrenze beeinflussen.
Bei Wirtschaftskriminalität 3. Grades hingegen sind die Sicherungsmöglichkeiten begrenzt, da oft durch Fehlen von Transparenz Betrugshandlungen oder Vertrauensbruchdelikte nicht erkannt und aufgedeckt werden können.

Abschließend bleibt zu sagen, dass die Gefahr von Wirtschaftskriminalität im ersten Schritt von den Unternehmen als existent anzunehmen und zu akzeptieren ist, um überhaupt derartige Fälle erkennen zu können. Eine „In-unserem-Unternehmen-passiert-so-etwas-nicht-Taktik“ lässt ahnen, dass adäquate Präventions- und Bekämpfungsmöglichkeiten nicht oder nur unzureichend eingesetzt werden würden und dementsprechend auch nicht Erfolg versprechend arbeiten könnten.
Wenn die Verinnerlichung des ersten Schritts getan ist, müssen Prozesse auf Lücken im Kontrollsystem oder auf fehlende Transparenz hin untersucht werden. So ist es dann überhaupt möglich zu erkennen, wie wirtschaftskriminelle Handlungen im eigenen Unternehmen entstehen und gedeihen können.
Wichtigster Punkt jeder Überlegung zum Thema Wirtschaftskriminalität ist die Information und Aufklärung über den kompletten Prozess hinweg. Die Mitarbeiter müssen über die Gefahren von Wirtschaftskriminalität für den Fortbestand des Unternehmens aufgeklärt werden. Es muss dargestellt werden, welche Toleranzgrenze von Unternehmen aus angesetzt wird. Die Mitarbeiter müssen aber zusätzlich auch geschult werden, Wirtschaftskriminalität überhaupt zu erkennen und ihren individuellen Beitrag zu leisten. Häufig helfen externe Beobachter und Berater insbesondere Klein- und Mittelbetrieben enorm weiter, da diese oft nicht in der Lage sind, Strukturen zu durchleuchten und daraus Betriebsnormen zu extrahieren.
Ist dieser gemeinsame Erkenntnisprozess erfolgreich abgeschlossen, kann und muss die Wirtschaftskriminalität als existenzielle Gefahr in die betriebliche Risikobetrachtung aufgenommen werden und im Zuge von integrierten Risikomanagementsystemen aufgefangen werden.

Jedes Unternehmen muss dann individuell für die eigenen Bedürfnisse und Risiken über Präventivmaßnahmen oder Maßnahmen zur Bekämpfung von Wirtschaftskriminalität entscheiden und bei der Einführung und Erhaltung dieser Maßnahmen hart bei der Verfolgung solcher Delikte ansetzten. Es ist durchaus anzuraten, bei Delikten höheren Grades Strafverfolgungsbehörden einzubinden und sich deren Ermittlungserkenntnisse zu Nutze zu machen.

Wirtschaftskriminalität ist zwar kein neues Phänomen, jedoch ist die Bekämpfung jetzt wettbewerbsentscheidender denn je. Die Wirtschaft muss neu lernen, welche Verantwortung sie hier zu tragen hat. Wird zusätzlich in die Betrachtung noch die gesamtwirtschaftliche Komponente von Wirtschaftskriminalität miteinbezogen, wird deutlich, dass es sich hier um ernstzunehmendes Problem im Wettbewerb am Markt handelt.

Eine Bewusstseinsveränderung der Gesellschaft muss erreicht werden, so dass die Rationalisierung alltäglicher und betrieblicher Kriminalität etwas erschwert wird und dass Kernursachen der Wirtschaftskriminalität bekämpft werden.

7.2 Schlussfolgerungen für die zukünftige Entwicklung von Wirtschaftskriminalität

Obwohl die Schwankungsbreite der registrierten Fallzahlen eine Prognose zukünftiger Entwicklung nicht zulässt, sprechen viele Anzeichen dafür, dass die Bedrohung durch Wirtschaftskriminalität eher zu- als abnimmt, auch wenn sich vielleicht die Schwerpunkte verschieben könnten. Gleichzeitig dürfte und sollte das Engagement der Unternehmen – insbesondere auch der internen Revision – bei der Prävention, Aufdeckung und Bekämpfung von wirtschaftskriminellen Handlungen weiter steigen.

Erstrebenswert wäre eine Sicherheitsbewusstseinsveränderung, die aber nicht nur für das eigene Unternehmen Gültigkeit haben sollte, sondern eine übergreifende. In Zeiten wachsender Komplexität und Globalisierung kommt eine neue Komponente hinzu, die zusätzlich ihre Schwierigkeiten mit sich bringt. Wirtschaftskriminalität auf internationaler Ebene erfordert auch ein Umdenken in der Strafverfolgung der Länder untereinander.
Wichtig ist, dass die Kontroll- und Sicherungsinstrumente im Unternehmen den neuen und wachsenden Bedrohungen stetig angepasst werden. Bleibt nur zu hoffen, dass das „Wettrüsten" ein baldiges Ende finden kann.

Zukünftig wird dem Bereich Wirtschaftskriminalität wohl zunehmend mehr praktische Relevanz und Aufmerksamkeit zukommen und zukommen müssen, insbesondere dann, wenn über Themen nachgedacht wird, die den Umgang miteinander im Wirtschaftsleben fokussiert sehen. Diskutiert werden derzeit dabei Modelle zur Verknüpfung von Verantwortung und Haftung für die Rechtmäßigkeit von Jahresabschlüssen an eine Person der Unternehmensleitung und die erweiterte Thematik des Corporate Governance Kodex. Damit werden die Weichen für steigendes Vertrauen in ordnungsmäßige Unternehmensführung ebenfalls in die richtige Richtung gestellt und leisten somit ihren Beitrag zur Kontrollproblematik.

Vielleicht kann diese Arbeit einen Beitrag dazu leisten, der Problematik angemessene Aufmerksamkeit zu verschaffen und in naher Zukunft die Thematik auch in Hochschullehrinhalten präsenter zu machen. Der Wirtschaft und deren Entwicklung wäre dies zu wünschen.

QUELLENVERZEICHNIS

Abele, H.: Korruption, in: Enderle, G.; Hoffmann, K. u. a. (Hrsg.): Lexikon der Wirtschaftsethik, Freiburg i. Br., Basel, Wien, 1993, S. 571-577

Albrecht, W. S.; McDermot, E. A.; Williams, T. L.: Reducing the cost of Fraud, in: Internal Auditor, February 1994, S. 28-94

Albrecht, W. S.; Wernz, G. W.; Williams, T. L.: Fraud. Bringing Light to the Dark Side of Business, New York, 1995

Alchian, A. A.; Allen, W. R.: Exchange and Produktion, Theorie in Use, Wadsworth, Belmont, Kalifornien, 1964

Ambrose, M.; Seabright, M.; Schminke, M.: Sabotage in the workplace: The role of organizational injustice, in: Organizational Behaviour and Human Decision Process, Vol. 89, September 2002, S. 947-965

Antognazza, G.: Wirtschaftsdelikt, organisiertes Verbrechen und ähnliche Tatbestände – Abgrenzung und Probleme ihrer Bekämpfung, in: Aktuelle Probleme der Kriminalitätsbekämpfung, Schweizerische Zeitschrift für Strafrecht, 110. Jahrgang, Bern, 1992, S. 265-274

Baer, R.: Psychiatrie für Juristen, München, 1988

Bahn, A. H.: Betriebswirtschaftslehre, Wiesbaden, 1974

Bea, F. X.; Dichtl, E.; Schweitzer, M.: Allgemeine Betriebswirtschaftslehre, Band 1, 5. Aufl., Stuttgart, 1990

Bechmann, G.: Risiko als Schlüsselkategorie der Gesellschaftstheorie, in: Bechmann, G. (Hrsg.): Risiko und Gesellschaft, 1993, S. 237-276

Becker, G. S.; Stigler, G. J.: De Gustibus Non Est Disputandum, in: Economic Review 67, 1977, S. 76-90

Berckhauer, F. H.: Wirtschaftskriminalität und Staatsanwaltschaft. Eine Untersuchung materialrechtlicher und organisationsspezifischer Bedingungen für die Strafverfolgung von Wirtschaftsdelikten, Freibrug i. Br., Diss. 1977

Bergius, R.: Einleitung und Geschichte der Lern- und Denkpsychologie bis zur Gegenwart, in: Handbuch der Psychologie, Göttingen, 1964, S. 3-25

Bertling, G.: Die Latenz im Bereich der Betrugs- und Wirtschaftskriminalität, in: Bundeskriminalamt (Hrsg.): Grundfragen der Wirtschaftskriminalität, Wiesbaden, 1963, S. 101-116

Bisani, F.: Personalwesen und Personalführung, 4. Aufl., Wiesbaden, 1995

Bischoff, J. (Hrsg.): Von Transtec zu Transweg – Mit geklautem Computerzubehör ein Jahr lang im Internet gehandelt, in: Schwäbisches Tagblatt, Ausgabe vom 11. Juli 2003, o. S.
Bleicher, K.: Das Konzept Integriertes Management: Visionen-Missionen-Programme, 5. Aufl., Frankfurt, New York, 1999

Bodmer, W.: Zur Psychologie des Wirtschaftsstraftäters, in: Wirtschaftspolitische Mitteilungen, 3/1983, S. 1-17

Bossard, E.: Die Abwehr von Wirtschaftskriminalität und Vermögensdelikten durch wirtschaftseigene Kontrolle und jährliche Abschlußprüfung, in: Schimmelpfeng GmbH (Hrsg.): Beiträge über Wirtschaftskriminalität, Schimmelpfeng Schriftenreihe, Band 11, Frankfurt a. M., 1979, S. 139-150

Breland, M.: Lernen und Verlernen von Kriminalität – Ein lernpsychologisches Konzept der Prävention im sozialen Rechtsstaat, Opladen, 1975, ISBN 3-531-21324-5

Bröckermann, R.: Personalführung, Köln, 2000

Bröckermann, R.: Personalwirtschaft, 2. Aufl., Stuttgart, 2001, ISBN 3-7910-1868

Bundesarbeitsgericht (Hrsg.): Kündigung wegen Privattelefonaten – Zustimmung des Betriebsrats, in: Pressemitteilung Nr. 12/04, Urteil vom 4. März 2004 – 2 AZR 147/03

Bundeskriminalamt (Hrsg.): Jahresbericht Wirtschaftskriminalität 2001, Wiesbaden, 2002

Burseg, K.: Apathie und Vertuschung statt Vorbeugung und Strafverfolgung, in: Financial Times Deutschland, Ausgabe vom 28. August 2000, o. S.

Claus, G.; u. a. (Hrsg.): Wörterbuch der Psychologie, Köln, 1976

Comer, M.: Betrug im Unternehmen – Ein Leitfaden zur Vorbeugung, Hamburg, 1987

Comer, M.: Thieves steal when they get an opportunity, in: Accountancy, July 1986, S. 70-73

Corsten, H.: Lexikon der Betriebswirtschaftslehre, München, 1992

de Paoli, N.: Banken klagen im FlowTexFall gegen Baden-Württemberg, in: Financial Times Deutschland, Ausgabe vom 5. Februar 2003, o. S.

Dorsch, F. et al.: Dorsch Psychologisches Wörterbuch, Bern, 1994

Drumm, H. J.: Personalwirtschaftslehre, 3. Aufl., Berlin, Heidelberg, New York, Tokio, 1995

Durkheim, E.: La Division du travail social, Paris, 1893

Egli, H.: Grundformen der Wirtschaftskriminalität. Fallanalysen aus der Schweiz und der Bundesrepublik Deutschland, Heidelberg, 1985

Egner, H.: Betriebswirtschaftliche Prüfungslehre – Eine Einführung, Berlin, New York, 1980

Eidam, G.: Korruption als Betriebsmodus, in: Kriminalistik, 8-9/1996, S. 543-547

Ernst & Young (Hrsg.): Wirtschaftskriminalität in Deutschland – Nur ein Problem der anderen?, Hamburg, Berlin u. a., 2003

Fenichel, O.: Der Bereicherungstrieb, in: Laermann, K. (Hrsg.): Otto Fenichel – Aufsätze, Ullstein, 1985, S. 100-121

GDV – Gesamtverband der deutschen Versicherungswirtschaft e. V. (Hrsg.): GDV-Presseforum 2003 – Diebstahl, Unterschlagung, Untreue: Schadensursachen und Schadensprävention der Mitarbeiterkriminalität. Online-Publikation auf http://www.gdv.de/presseservice/21725.htm vom 14.05.2003, gelesen am 2. April 2004.

Gechter, S.: Führungskräfte haben oft Angst vor Mitarbeitergesprächen, in: Produktion, Nr. 1/2. 2002, o. S.

Giersberg, G.: Durch Wirtschaftskriminalität verliert die Wirtschaft jährlich 8,3 Milliarden Euro, in: Frankfurter Allgemeine Zeitung, Frankfurt a. M., Ausgabe vom 05. April 2003, o. S.

Gowers, A. (Hrsg.): Gericht erlaubt heimliche Videoüberwachung von Angestellten, in: Financial Times Deutschland, Ausgabe vom 27. März 2003, o. S.

Gowers, A. (Hrsg.): Wirtschaftskriminalität: Täter in der Chefetage, in: Financial Times Deutschland, Ausgabe vom 11. Juli 2001, o. S.

Greene, K.: Wirtschaftskriminalität – Kommissar Zufall, in: Wirtschaftswoche, Heft Nr. 14, 27.03.2003, S. 94

Grochla, E.: (Hrsg.): Handwörterbuch der Organisation, 3. Aufl., Stuttgart, 1992

Haller, M.: Risikomanagement – Eckpunkte eines integrierten Konzepts, in: Jacob, H. (Hrsg.): Risikomanagement, SzU, Band 33, Verlag: Gabler, Wiesbaden, 1986, S. 7-43

Haller, M.; Maas, P.; Königswieser, R.: Stiftung Risiko-Dialog: Entstehung, Entwicklung und Effekte, in: Königswieser, R.; Haller, M.; Maas, P.; Jarmai, H. (Hrsg.): Risiko-Dialog. Zukunft ohne Harmonieformel, Köln, 1996, S. 11-37

Hänggi, R.: Risikomanagement und Simultaneous Engineering, St. Gallen, Wil, Diss. 1996

Hauser, H.: Jahresabschlussprüfung und Aufdeckung von Wirtschaftskriminalität, Verlag: Nomos, Baden-Baden, 2000

Hebb, D. O.: Einführung in die moderne Psychologie, 7. Aufl., Weinheim, Verlag: Beltz, 1973

Heintz, P.; König, R. (Hrsg.): Soziologie der Jugendkriminalität, Köln, Opladen, 1957

Hentze, J.; Brose, P.: Personalführungslehre, 2. Aufl., Bern, Stuttgart, Wien, 1990

Hentze, J.; Kammel, A.; Lindert, K.: Personalführungslehre, 3. Aufl., Bern, Stuttgart, Wien, 1997

Hinterhuber, H. H.: Strategische Unternehmensführung, Strategisches Handeln, 5. Aufl., Berlin, New York, 1992

Hofmann, R. (1990a): Prüfungs-Handbuch – Praxisorientierter Leitfaden einer umfassenden Revisionskonzeption, Berlin, 1990

Hofmann, R. (1990b): Vermögenssicherung und Prävention vor Vermögensverlusten – Eine dominierende Aufgabe der Unternehmensleitung, in: Die Wirtschaftsprüfung, 8/1990,
S. 233-240

Hofmann, R. (1990c): Unterschlagungsprophylaxe und Unterschlagungsprüfung: Leitfaden zur Verhütung und Aufdeckung unrechtmäßiger Bereicherung in Unternehmen, Berlin, 1990

Hofmann, R.: Interne Revision und Wirtschaftsprüfung als Instrument gegen dolose Handlungen im Unternehmen, in: Der Betrieb, 27/28/1989, S. 1354-1359

Huber, H. P.; Birbaumer, N.: Verhalten und Erleben, in: Hermann, T.; Hofstätter, P. R.; Huber, H. P.; Weinert, F. E. (Hrsg.): Handbuch psychologischer Grundbegriffe, München, 1977, S. 513-520

Huntington, I.: Fraud: Prevention and Detection, Dublin, Edinburgh, 1992

Huppertz, W.: Prüfung der Ordnungsmäßigkeit der Geschäftsführung von Gesellschaften der öffentlichen Hand im Rahmen der Abschlussprüfung, in: Der Betrieb, 3/1981, S. 150-151

International Chamber of Commerce (Hrsg.): ICC-Verhaltensrichtlinien zur Bekämpfung der Korruption im Geschäftsverkehr - ein Verhaltenskodex der ICC Deutschland, Online-Publikation unter http://www.icc-deutschland.de, 1998

Kaiser, G.: Kriminologie. Eine Einführung in die Grundlagen, 9. Aufl., Heidelberg, 1993

Kirchgässner, G.: Homo oeconomicus – das ökonomische Modell individuellen Verhaltens und seine Anwendung in den Wirtschafts- und Sozialwissenschaften, Tübingen, 1991, ISBN 3-16-145830-3

Kliemt, H.: Nicht-explanative Funktionen eines Homo oeconomicus und Beschränkungen seiner explanativen Rolle, in: Holler, M. J.: Homo oeconomicus II, München, 1984

Kohl, M.: Wirtschaftskriminalität – Wirtschaftsdelikte im Rechnungswesen der Unternehmung und ihre Bekämpfung, Mannheim, Diss. 1991

Kornhauser, A.: The mental health of the industrial worker, New York, 1965

KPMG (Hrsg.): Wirtschaftskriminalität in Deutschland 2003/04 – Ergebnisse einer Umfrage bei 1.000 Unternehmen, Köln, 2003

Krüsselberg, H.-G.: Die immanente Ethik des Vermögensbegriffs bei Adam Smith – Kooperationspotential einer freien und gerechten Gesellschaft, in: Meyer-Faje, A.; Ulrich, P. (Hrsg.): Der andere Adam Smith. Beiträge zur Neubestimmung von Ökonomie als politischer Ökonomie, Bern, Stuttgart, 1991, S. 193-222

Kuhr, D.; Kläsgen, M.: Bedenken gegen Millionenprämien – Wirtschaftsprüfer von KPMG sollen die Höhe der Zahlungen beanstandet haben, in: Süddeutsche Zeitung, Ausgabe 7./8. Februar 2004, S. 21

Lambrecht, M.; de Paoli, N.: Manager ohne Moral, in: Financial Times Deutschland, Hamburg, Ausgabe vom 28. Februar 2003, o. S.

Lamnek, S.: Theorien abweichenden Verhaltens, München, 1996

Langen, H.: Begrüßung und Einführung in das Thema, in: Wirtschaftskriminalität, Probleme im Gespräch, Band 4, Bern, 1972

Löw, A.: Multiperspektivische Analyse der Wirtschaftskriminalität – Konsequenzen für die Gestaltung des Integrierten Risiko-Managements, Gossau, St. Gallen, Diss. 2002

Maier, K.: Wirtschaftskriminalität und Interne Revision, St. Gallen, Diss. 2001

Meier, C.: Wirtschaftsdelikte im Bankengewerbe, Betriebswirtschaftliche Forschungen, Band 99, Bern, Stuttgart, 1986

Meisel, P. G.: Arbeitsrecht für die betriebliche Praxis, 8. Aufl., Köln, 1995

Middendorff, W.: Kriminalgeschichte: Unterschleif und Korruption im Rahmen des üblichen..., in: Kriminalistik, 3/1985, S. 160-164

Molsberger, J.: Wirtschaftskriminalität und Wirtschaftsordnungen, in: Watrin, C. / Willgerodt, H. (Hrsg.), Widersprüche der Kapitalismuskritik, Festschrift zum 75. Geburtstag von Alfred Müller-Armack, Bern, Stuttgart, 1976, S. 179-198

Müller, C.: Die Rolle von interner und externer Revision bei Wirtschaftskriminalität – Eine Analyse von Zürcher Gerichtsfällen, in: Revision und Wirtschaftskriminalität, Band 90, Zürich, 1990, S. 141-222

Müller, C.: Wirtschaftskriminalität: Analyse eines interdisziplinären Phänomens, in: Der Schweizerische Treuhänder, 10/1995, S. 839-846

Müller, H.: Soziologische Entstehungsbedingungen und soziale Kontrolle abweichenden Verhaltens in der Wirtschaftsgesellschaft, Pfaffenweiler, 1993

Muschick, E.; Müller, P. H.: Entscheidungspraxis – Ziele, Verfahren, Konsequenzen, Berlin, 1987

Nieder, P.: Eine Systematik von Einzelgesprächen zur Reduzierung der Fehlzeiten, in: Personal, 10/1988, S. 386-389

Posner, R. A.: Economic Analysis of Law, Boston, 1972; teilweise deutsche Übersetzung: Recht und Ökonomie – Eine Einführung, in: Assmann, H.-D., Kirchner, C.; Schanze, E. (Hrsg.): Ökonomische Analyse des Rechts, Kronberg, 1978, S. 93-112

PricewaterhouseCoopers Deutsche Revision (Hrsg.): Europäische Umfrage zur Wirtschaftskriminalität 2001, Verlag: Fachverlag Moderne Wirtschaft, Frankfurt a. M., 2001

Priddat, B. P.: Moral Based Rational Man, in: Brieskorn, N.; Wallacher, J. (Hrsg.): Homo oeconomicus – Der Mensch der Zukunft?, Verlag: Kohlhammer, Stuttgart u. a., 1998

Reiwald, P.: Die Gesellschaft und ihre Verbrecher, Zürich, 1973

Rennstich, K.: Korruption. Eine Herausforderung der Gesellschaft und Kirche, Stuttgart, 1990

Rexilius, G.; Grubitzsch, S.: Handbuch psychologischer Grundbegriffe. Mensch und Gesellschaft in der Psychologie, Reinbek bei Hamburg, Verlag: Rowohlt, 1981

Ricks, S.: Ökonomische Analyse der Wirtschaftskriminalität unter besonderer Berücksichtigung der Korruption und Bestechung, Verlag für Wissenschaft und Forschung, Berlin, ISBN 3-930324-34-2, 1995

Roth, C.: Prävention und Bekämpfung der Unternehmenskriminalität. Anhand einer empirischen Untersuchung von Gerichtsfällen, Rosch-Buch, Hallstadt, Diss. 1994

Rubinstein, S. L.: Grundlagen der allgemeinen Psychologie, Berlin, 1965

Ruch, F. L.; Zimbardo, P. G.: Lehrbuch der Psychologie, Berlin, Heidelberg, New York, 1975

Schmid, N.: Der Wirtschaftsstraftäter – Ergebnisse einer Züricher Untersuchung – Folgerungen für Prävention und Repression der Wirtschaftsdelikte, in: Schweizerische Zeitschrift für Strafrecht, Band 92, 1976, S. 51-112

Schmid, N.: Probleme der Untersuchungsführung, in: Wirtschaftskriminalität, Probleme im Gespräch, Band 4, Bern, 1972, S. 53-60

Schmid, N.: Zur Täterpersönlichkeit des Wirtschaftsdelinquenten aus Sicht der Strafverfolgungsbehörden, in: Göppinger, H.; Walder, H. (Hrsg.): Wirtschaftskriminalität – Beurteilung der Schuldfähigkeit, Kriminologische Gegenwartsfragen, Stuttgart, 1978, S. 67-78

Schmölders, G.: Die Wirtschaftsdelikte als Störfaktoren im Ordnungssystem der Marktwirtschaft, in: Wirtschaftsdelikte (Einschließlich der Korruption), BKA-Vertragsreihe, Band 7 (hrsg. von Bundeskriminalamt), Wiesbaden, 1957

Schneider, S.: Die psychopathischen Persönlichkeiten, Wien, 1923

Schnider, J.: Interne Kontrolle – Bestandteil der Unternehmensorganisation und Gegenstand der Abschlussprüfung, Diss., St. Gallen, 1972

Schuessler, K. F.; Cressey, D. R.: Personality Characteristics of Criminals, in: The American Journal of Sociology, 55/1950, S. 476-484

Schuler, H.; Brandstätter, H. (Hrsg.): Lehrbuch Organisationspsychologie, Verlag: Hans Huber, Bern, Göttingen u. a., 1993

Schweingruber, P.: Wirtschaftskriminalität: Möglichkeiten des Risiko-Transfers, in: I.VW Management-Information, 5/2000, S. 13-18

Sharplin, A.: Strategic Management, New York, 1985

Siska, J.: Keine Chance für Verbrecher: der Schutz Ihres Unternehmens vor kriminellen Gefahren, Verlag: expert-Verl., Wien, 1996

Skinner, B. F.: Science and Human Behavior, New York, 1960

Smettan, J. R.: Kriminelle Bereicherung in Abhängigkeit von Gewinnen, Risiken, Strafen und Moral: eine empirische Untersuchung, Freiburg i. Br., 1992

Smith, A.: Theorie der ethischen Gefühle, nach der Aufl. letzter Hand übersetzt von Eckstein, W. (Hrsg.), Hamburg, 1985

Sonnenmoser, M.: Sabotage: Ausgleichende Gerechtigkeit, in: Beltz (Hrsg.): Psychologie Heute, 7/2003, S. 14-15

Sprenger, R. K.: Mythos Motivation. Wege aus der Sackgasse, 8. Aufl., Frankfurt a. M., New York, 1995

Steers, R. M.; Porter, L. W.: Motivation and Work Behaviour, New York, 1975

Stoffers, K. F.: Psychopathologie des Betrügers, in: Kriminalistik, 3/1998, S. 180-185

Sutherland, E. H.: White Collar Crime, New York, Chicago, u. a., 1949

Taylor, F. W.: Principles of Scientific Management, New York, 1911

Thommen, J. P.: Betriebswirtschaftslehre, 3. Aufl., Band 1-3, Zürich, 1992

Ulrich, H.; Dyllick-Brenzinger, T.; Probst, G.: Management, Bern, 1984

Ulrich, H.; Krieg, W.: St. Galler Management-Modell, 3. Aufl., St. Gallen, 1974

Voyame, J.: Einführung, in: Wirtschaftskriminalität – Wissenschaftliche Beiträge zum 50-jährigen Bestehen der Neutra Treuhand AG, Zürich, 1982, S. 15-30

Weber, M.: Soziologische Grundbegriffe, 6. Aufl., Verlag: Mohr, Tübingen, 1984, ISBN 3-16-544830-2

Weber, M.: Wirtschaft und Gesellschaft: Grundriss d. verstehenden Soziologie, 5. rev. Aufl., Verlag: Mohr, Tübingen, 1976, ISBN 3

Weinert, A. B.: Lehrbuch der Organisationspsychologie – menschliches Verhalten in Organisationen, 3. Aufl., Verlag: Psychologie-Verl.-Union, Weinheim, 1992, ISBN 3-621-27149-X

Welter, E. (2002a) (Hrsg.): Jede Minute 18 Diebstähle in Büros und Geschäften, in: Frankfurter Allgemeine Zeitung, Frankfurt a. M., Ausgabe vom 11. April 2002, o. S.

Welter, E. (2002b) (Hrsg.): Die größte Sicherheitslücke ist der Mensch, in: Frankfurter Allgemeine Zeitung, Frankfurt a. M., Ausgabe vom 18. November 2002, o. S.

Welter, E. (Hrsg.): Die Spionage mit dem Foto-Handy wird zu einer akuten Gefahr für Unternehmen, in: Frankfurter Allgemeine Zeitung, Frankfurt a. M., Ausgabe vom 12. Juli 2003, Nr. 159, S. 17

Williamson, O. E.: The Economic Institutions of Capitalism: Firms, Markets, Relational Contracting, New York, 1985; deutsche Übersetzung: Die ökonomischen Institutionen des Kapitalismus: Unternehmen, Märkte, Kooperationen, Verlag: Mohr (Siebeck), Tübingen, 1990

Wiswende, G.: Psychologie im Wirtschaftsleben: Geld, Kunden und Mitarbeiter aus psychologischer Sicht, 2. Aufl., Stuttgart, ISBN 3-09-305872-4, 1996

Wittgen, R.: Einführung in die Betriebswirtschaftsl., 2. Aufl., München, 1974

Wöhe, G.: Einführung in die allgemeine Betriebswirtschaftslehre, 17. Aufl., Verlag: Vahlen, München, 1990

Wöhe, G.: Einführung in die allgemeine Betriebswirtschaftslehre, 19. Aufl., Verlag: Vahlen, München, 1996

Wolman, B. (Hrsg.): Dictionary of Bahavioral Science, New York, Stuttgart, 1973

Wunderer, R.; Grunwald, W.: Führungslehre, Band I: Grundlagen der Führung, Berlin, New York, 1980

Zirpins, W.; Terstegen, O.: Wirtschaftskriminalität, Lübeck, 1963

Zünd, A.: Ansätze der Geschäftsführungsprüfung im Aktienrecht, in: Geschäftsführungsprüfung, Band 61 d. Schriftenreihe d. Treuhandkammer, Zürich, 1984, S. 89-98

Frank Soesters

Die Insiderhandelsverbote des Wertpapierhandelsgesetzes

Wirtschaftsstrafrecht europäischen Ursprungs

Frankfurt am Main, Berlin, Bern, Bruxelles, New York, Oxford, Wien, 2002.
239 S.
Europäische Hochschulschriften: Reihe 2, Rechtswissenschaft. Bd. 3413
ISBN 3-631-38565-X · br. € 42.50*

Erst seit dem 1. August 1994 existieren spezialgesetzliche Normen zur Unterbindung des Insiderhandels. Der Verfasser arbeitet zunächst die strafrechtsdogmatischen Grundlagen der Insiderhandelsverbote heraus. Er gelangt zu dem Ergebnis, daß der Insiderhandel ein strafwürdiges Verhalten darstellt und elementare Rechtsgüter gefährdet. Anschließend erfolgt die für den Rechtsanwender erforderliche Auslegung der unbestimmten Rechtsbegriffe. Als Wirtschaftsstrafrecht mit europäischem Hintergrund weist das Insiderrecht eine ganz besondere Charakteristik auf. Der Autor versucht durch Zusammenführung der einzelnen Interpretationsmethoden sowohl dem Sinn und Zweck der strafbewehrten Verbote als auch den europäischen Vorgaben gerecht zu werden.

Aus dem Inhalt: Wirtschaftliche Auswirkungen des Insiderhandels · Rechtsgut der Insiderhandelsverbote · Strafwürdigkeit und Strafbedürftigkeit des Insiderhandels · Verhältnis der einzelnen Auslegungsmethoden · Auslegung der Rechtsbegriffe der Insiderpapiere · Insider und Insidertatsache · Auslegung der Verwertungsverbote für Primär- und Sekundärinsider, des Weitergabe- und des Empfehlungsverbots

Kolibri 360 GmbH
Ferdinand-Jühlke-Straße 7
99095 Erfurt, Deutschland
produktsicherheit@kolibri360.de

Druck:
CPI Druckdienstleistungen GmbH
im Auftrag der
Kolibri 360 GmbH
Ferdinand-Jühlke-Str. 7
99095 Erfurt